Rolf-Dieter Diehl

„... und das heißt Erika!“

Geschichten und Anekdoten aus der Lüneburger Heide

Wartberg Verlag

Impressum

Bildnachweis:
Autor: S. 18/19, 22, 23, 25, 26, 29, 31, 32, 34, 37, 41, 42, 46, 47, 54, 55, 57, 59, 71, 76, Titelfoto; Verein Heideblütenfest Amelinghausen e.V.: S. 6, 7, 8, 9; Landeszeitung Lüneburg: S. 11, 12, 17, 21, 66/67; Hans-Heinrich Euhus, Müden/Örtze: S. 15, 45, 51, 52, 53; Heidepark Soltau: S. 27; Wildpark Lüneburger Heide: S. 33; Polizeiinspektion Soltau-Fallingbostel: S. 49; Tourist-Information Bad Fallingbostel: S. 62; Astrid Aulich, Hermannsburg: S. 63; Curt Helm Pomp, Lüneburg: S. 69, 70; Ursula Lange, Hermannsburg: S. 73, 74/75, 77, 79

1. Auflage 2011

Layout: Attila Jo Ebersbach, Kassel
Satz: Jochen Ebert, Kassel
Druck: Hoehl-Druck Medien + Service GmbH, Bad Hersfeld
Buchbinderische Verarbeitung: Buchbinderei Büge, Celle

34281 Gudensberg-Gleichen, Im Wiesental 1
Telefon (0 56 03) 9 30 50
www.wartberg-verlag.de
ISBN: 978-3-8313-2137-7

Inhalt

Vorwort

Wer sich einzulassen vermag auf die Landschaft zwischen Celle, Soltau und Lüneburg, der wird zunehmend feststellen: Die Lüneburger Heide ist weit mehr als nur ein lyrischer Gedichtband, bei dessen Lektüre ein gefühlsseliger Filmschlager im Ohre erklingt. Sie ist vielmehr ein gewaltiges Epos vom Schaffen unserer Zeit und ihrem starken Bedürfnis nach Stille, nach Ruhe, nach Besinnlichkeit.

Zur Zeit der Heideblüte sind unzählige Wanderer rund um Wilsede, Müden, Hermannsburg und Schneverdingen unterwegs. Hier finden sie die pittoreske Lüneburger Heide ungezählter Postkarten und Bildbände: Die typische Landschaft mit weiten Heideflächen und knorrigen Wacholderbüschen, mit Schnuckenherden, Bienenzäunen und reetgedeckten Schafställen. Überall spürt man die weihevolle Stimmung, die über dieser Landschaft liegt, und vergisst die geräuschvolle Welt da draußen. Und wenn man gar bei aufgehender oder untergehender Sonne durch die Heide schreitet, im taufrischen Heidekraut oder wenn die Dämmerung sich auf das Land legt, dann kann man die Stille hören. Dann flüstert es um einen herum, und man verliert das Gefühl für Raum und Zeit.

Aber die Lüneburger Heide besteht nicht nur aus Landschaft und Nostalgie. Ich möchte Sie mitnehmen zu den Menschen, die hier leben, arbeiten und feiern. Ich tue dies mit der Distanz eines vor 30 Jahren „Zugezogenen", der sich hier aber längst heimisch fühlt und dem die angeblich so wortkargen Heidjer ohne jedes Pathos ans Herz gewachsen sind.

Ich wünsche Ihnen viel Freude mit diesem Buch

Ihr Rolf-Dieter Diehl

Die Königin der „Heidjer“

Ein jährlich sich wiederholendes Spektakel lockt an einem Samstagabend im August unzählige Schaulustige in den kleinen Heideort Amelinghausen: Dreißig Meter hohe, im Walzertakt tanzende farbenprächtige Wasserfontänen tauchen die malerische Kulisse des idyllisch gelegenen Lopausees und der umliegenden Waldungen in ein gespenstisches Licht und spiegeln sich in stimmungsvollen Bildern auf der dunklen Wasserfläche. Mit dieser musikalisch untermalten Wasserorgel der Freiwilligen Feuerwehr Soltau wird die Heideblüten-Festwoche eröffnet, die erst acht Tage später mit der Wahl der neuen Heidekönigin ihren im wahrsten Sinne des Wortes krönenden Abschluss finden wird.

Eine spontane Idee

So spektakulär ging die Wahl der Heidekönigin in Amelinghausen nicht immer vonstatten und es war auch nicht vorherzusehen, dass dieses Ereignis eine so große öffentliche Resonanz bekommen würde. Die erstmalige Wahl einer Heidekönigin in diesem beschaulichen, über 700 Jahren alten Erholungsort im Südwesten Lüneburgs entsprang einer spontanen Idee beim 1. Stiftungsfest des Männerchores im Jahr 1949. Aus diesem „Jux für einen Abend“ entwickelte sich eine mittlerweile über 60-jährige Tradition, die fortan zum attraktiven Höhepunkt des 1950 begründeten Heideblütenfestes wurde, welches sich wiederum in den Folgejahren zum größten Volksfest des Landkreises Lüneburg mauserte. In jedem Jahr begeistert es mehr als 50 000 Menschen aus dem ganzen Bundesgebiet und beschäftigt schon Monate vorher mehrere hundert Einheimische mit den Planungen und Vorbereitungen, vom Musikprogramm bis zur Gestaltung der Motivwagen für den großen Festumzug.

Dabei hatte diese „kleine dörfliche Veranstaltung“ ganz bescheiden und ohne nennenswerte Außenwirkung angefangen. „Die Bewerberin sollte in der Mitte der Heidjer aufgewachsen und ein frisches, natürliches Mädel sein“, beschrieb die Heimatzeitung im Jahr 1956 die ausschlaggebenden Kriterien für die Wahl der Heidekönigin. Lippenstift und Puder seien ein sicheres Mittel, aus der Konkurrenz auszuscheiden. Die auswärtige Presse wiederum betrachtete „die ländliche Zurückhaltung und Unberührtheit“ der Heidekönigin anfangs noch als „Sinnbild für die einsamen Heidedörfer“. Doch die Heidekönigin entwickelte sich schnell vom liebreizenden Mittelpunkt eines Heimatfestes zur Identifikationsperson und Symbolfigur einer ganzen Region.

Die Jury, der sich die Bewerberinnen jeweils zu stellen hatten, war schon in den Anfangsjahren äußerst

Die Heidekönigin von 1967, Renate Hanstedt, mit ihren Prinzessinnen und Hofdamen.

Festumzug durch Amelinghausen beim Heideblütenfest 1957.

prominent besetzt. 1952 gehörte beispielsweise der ehemalige Boxweltmeister Max Schmeling, der mit seiner Frau Anny Ondra auf Einladung seines Amelinghausener Freundes John Kammlade an den Feierlichkeiten teilnahm, der Jury an.

Die Jahr für Jahr zunehmende Medienberichterstattung zog nicht nur mehr Touristen in den Ort, sondern machte auch Filmproduzenten auf das kleine Heidedorf aufmerksam. So wurde beispielsweise im Jahr 1960 in Amelinghausen der Film „Wenn die Heide blüht“ gedreht. Leinwandstars wie Heidi Kabel und Willy Fritsch, Walter Richter und Rudolf Platte spielten die Hauptrollen in diesem wunderschönen Heimatfilm, und die gerade erst gewählte „echte“ Heidekönigin Ellen Manger durfte der Schauspielerin Veronika Bayer die Heidekrone aufsetzen, als dieser in ihrer Rolle als Förstertochter Anne der purpurfarbene Krönungsmantel umgelegt wurde.

Frechheit siegt

Dass es bei den Wahlen zur Heidekönigin nicht langweilig wird, dafür sorgten die einfallsreichen Burschen in Amelinghausen. So verkleidete sich zum Beispiel einmal ein junger Mann mit allen verfügbaren Raffinessen als Frau und stellte sich unter dem selbst gewählten hoffnungsvollen Motto „Frechheit siegt“ zur Wahl. Doch am Ende siegte – wie sollte es anders sein – eine der echten jungen Damen, deren natürliche und ungekünstelte Weiblichkeit durch keinen männlichen Trick nachgeahmt werden kann.

Max Schmeling legt Gerti Rothenberger, der Heidekönigin von 1952, den Krönungsmantel um.

Für vorübergehende Schrecksekunden sorgte ein besonders freches Exemplar der Spezies Jungmänner: Noch bevor sich die gerade erst gewählte neue Heidekönigin auf dem Lopausee im extra herausgeputzten Kutter der Öffentlichkeit präsentieren konnte, ließ sich der Jungmann, der sich stilgerecht als Heidekönigin verkleidet hatte, über den See rudern.

Wie erhofft, wurde er vom ahnungslosen Publikum mit der echten Heidekönigin verwechselt und verlor, als er bewusst übermütig den Leuten zuwinkte, im schaukelnden Boot scheinbar das Gleichgewicht. Er fiel zum

Entsetzen der Besucher ins Wasser, um aber schon kurz darauf ohne Perücke und mit lausbübischem Grinsen wieder aufzutauchen.

Von der Heidekönigin zum Promi

Zur bisher prominentesten Heidekönigin avancierte im Nachhinein die damals 18-jährige angehende Krankengymnastin Jenny Elvers. Sie wurde nämlich, während sie für fünf Wochen als Repräsentantin der Lüneburger Heide nach Japan eingeladen worden war, im Land der aufgehenden Sonne von einem internationalen Kosmetikkonzern als Modell entdeckt.

Die Heidekönigin von 1960, Ellen Manger, bei ihrer „Regierungserklärung".

Die Reise ging nach Hokkaidô, einer Insel etwa von der Größe Österreichs im Norden Japans. In der Nähe der Stadt Obihiro hatte sich ein reicher Unternehmer mit einer als „Glücks-Königreich“ bezeichneten riesigen Ferienpark-Anlage einen Kindheitstraum erfüllt. Dazu muss man wissen: Es ist im japanischen Arbeitsumfeld nicht leicht, Urlaub für länger als eine Woche am Stück zu erhalten. Deshalb werden kurze, eintägige Ausflüge bevorzugt, bei denen man – per Bus oder auch bei einer Kutschfahrt – die Umgebung erkundet, möglichst viele Fotos macht und Mitbringsel kauft. Unter diesem Gesichtspunkt sollte der Park nach und nach Sehenswürdigkeiten aus ganz Deutschland – im Original oder als Kopie – anbieten. So wurde direkt neben dem als Tor zu den Sehenswürdigkeiten dienenden Flughafen von Obihiro 1989 ein Themenpark angelegt mit einer detailgetreuen Nachbildung berühmter deutscher Schlösser und Burgen, darunter das Schloss Bückeburg, aber auch Kunstwerke, wie die Skulptur der Bremer Stadtmusikanten.

An den Park angrenzend entstand ein Bauernhof-Feriendorf mit extra aus Deutschland herbeigeschafften Fachwerkhäusern, altem Steinpflaster und Pflanzen typischer deutscher Landschaften, darunter natürlich auch Heidekraut. Und genau hier – in diesem märchenhaften „Glücks-Königreich“ – durfte und sollte die Heidekönigin von Amelinghausen auf Einladung des Parkeigentümers fünf Wochen lang ihre Heimatgemeinde repräsentieren. Eine – wie sich bald herausstellte – werbewirksame Investition.

Die japanischen Medien waren ständig präsent, ein ARD-Team drehte zwischendurch einen Film über den deutsch-japanischen Park und interviewte in diesem Zusammenhang auch Jenny Elvers. „Dadurch“, so vermutet die damalige Heidekönigin, „wurde vermutlich auch die Kosmetikfirma auf mich aufmerksam.“

Die Heidekönigin von 1990, Jenny Elvers, mit ihren Prinzessinnen und ihrer Amtsvorgängerin Iris Bulla (links).

In kürzester Zeit lernte sie eine für sie neue Welt, die Welt der Models kennen: Für Badeschaum, Körperlotion und Lidschatten stand sie vor der Kamera. „Zwei Tage lang wurde erst einmal nur geredet, jeder einzelne Schritt, jedes Lächeln, jede Handbewegung unzählige

Jenny Elvers im Kimono nach ihrer Rückkehr aus Japan.

Male geprobt und wiederholt“, erinnert sie sich. So kam es, dass die Amelinghausener Heidekönigin eines Tages mit verträumtem Blick und eingebettet in reichlich Schaum in der Badewanne des Werbefernsehens zu bewundern war.

Ein einmaliges Erlebnis

Ingrid Diersen, Jenny Elvers‘ Nachfolgerin auf dem Thron der Heidekönigin, kam während ihrer Regentschaft ebenfalls in den einzigartigen Genuss, ihre Heimatgemeinde für fünf Wochen auf Hokkaidô repräsentieren zu dürfen. „Es war unbeschreiblich schön und wahnsinnig beeindruckend“, schwärmt sie, wenn sie an die langen Tage in dem Freizeitpark denkt. Die Amelinghausenerin, die nahezu ständig in vollem Ornat einschließlich Heidekrone repräsentieren musste, war in ihrer Tracht ein äußerst beliebtes und attraktives Fotomodell: Fotos mit Kindern, Fotos mit Erwachsenen, Fotos mit Seniorengruppen, Sportvereinen, Schulklassen und sonstigen Ausflüglern und natürlich mit jungen Männern ... Wie oft sich die aus asiatischer Sicht blonde Exotin vor ungezählten fremden Linsen in Pose stellen musste, weiß sie nicht mehr. „Aber es hat ungeheuer viel Spaß gemacht, die Japaner sind total nett und höflich, die fragten vorher tausendmal nach, ob sie ein Foto von mir machen durften.“

Nicht nur während der Heideblüten-Festwoche erinnert man sich untereinander immer wieder gern an die wunderschönen Feste und die vielen aufregenden Erlebnisse. Auch sonst – bei zufälligen Begegnungen auf der Straße, beim Einkauf oder im Café – schwelgt man versonnen lächelnd in gemeinsamen Erinnerungen: „Weißt du noch ...?“ Und als Jenny Elvers im Mai 2004 in der Kirche ihrer Heimatgemeinde Amelinghausen heiratete, standen zwanzig ehemalige Heideköniginnen Spalier.

Heideidylle und Schäferstündchen

„An drei Punkten schlägt Niedersachsens Herz am reinsten“, heißt es: „An einem einsamen Winkel der Nordseeküste, auf dem Brocken und inmitten der Heide am Wilseder Berg. Die drei Punkte liegen weit auseinander, aber der gleiche Wind verbindet sie.“

Wie alles begann

Der legendäre Heidepastor Wilhelm Bode aus Egestorf verglich den Wilseder Berg vor rund einhundert Jahren mit einem „urhaften Recken, den lüsterne Hände mit List und Tücke zwingen wollen, im Dienste hässlicher Gewinnsucht zu fronden“. Als Grundstücksspekulanten und Geschäftemacher die Landschaft förmlich verramschen und mit Logierkneipen pflastern wollten, unternahm der Pastor alles, um das zu verhindern. Unterstützt unter anderem von Hermann Löns und einem bundesweit agierenden „Verein Naturschutzpark“ mit Sitz in Stuttgart gelang es ihm, den Verkauf zu verhindern und seinen Traum von einem großen Naturpark rund um Wilsede zu verwirklichen. Am 25. Oktober 1910 wurde durch Beurkundung im Grundbuchamt Soltau Deutschlands erstes Naturschutzgebiet begründet, wo man, wenn man auf der Kuppe des Wilseder Berges die Stille der Heide atmet, noch heute etwas von dem Geist des Heidepastors verspürt.

Schäferstündchen

Zu jener Zeit durchwanderten zahlreiche Schäfer mit ihren Herden die herbe Landschaft südlich von Hamburg zwischen Soltau, Celle und Uelzen und fristeten ein bescheidenes Dasein in der Stille und Abgeschiedenheit. In Wogen ebbte das Heidekraut bis an den

Horizont. Bläulinge und Heidefalter taumelten durch die flimmernde Luft. Zirpende Grillen, musizierende Heidelerchen und das muntere Plätschern der Heidebäche sorgten für einen fröhlichen Soundtrack der Natur. Heidehöfe mit ihren Wiesen, Feldern und Eichenkämpen und die zwischenmenschlichen Begegnungen in den beschaulichen Heidedörfern sorgten für die nötige Kurzweil auf den langen Wanderungen der Schäfer. Und die Schäfer wiederum brachten Abwechslung und wichtige Neuigkeiten in den Alltag der Heidjer. Die Bauern waren froh, wenn der Schäfer mit seiner Herde über ihre Felder zog, denn die „Köttel“ von mehreren hundert Schafen, die dabei zurückblieben, erwiesen sich als willkommener Dünger. Als Dank – neben Naturalien und einem kleinen Trinkgeld – luden die Bauern den Schäfer nach

Schnuckenherde vor ihrem Stall in den 30er-Jahren.

vollbrachtem Tagwerk zu freier Kost in den Dorfkrug ein. „Sett di an'n Disch un itt, un dann vertell", hieß es dann. „Schäferstunde" nannte man dieses Zusammentreffen, bei dem man zusammensaß, um die neuesten Nachrichten zu erfahren.
Die Schäfer waren damals eine sehr gefragte und mitunter die einzige Informationsquelle. Sie brachten Neuigkeiten aus den Nachbardörfern und der Kreisstadt mit und wussten so manche Geschichte aus der kleinen und großen Politik zu erzählen, die sie da und dort aufgeschnappt hatten. Im Dorf sprach es sich schnell herum, wenn wieder einmal ein Wanderschäfer im Wirtshaus saß und es sich schmecken ließ, während seine Hunde auf die Herde achteten. Möglicherweise hat sich an eine solche „Schäferstunde" anschließend ein „Schäferstündchen" angeschlossen. Dieser Begriff hat sich im Volksmund gehalten, während die „Schäferstunde" selbst in ihrer ursprünglichen Bedeutung mehr und mehr durch die Medien ersetzt wurde und allmählich aus dem Gedächtnis der Menschen verschwand.

Schäferidyll

Ein früher Morgen im Spätsommer: Noch hüllt der Bodennebel alles ein. Und wo die Nacht sich in die dunklen Zweige und Äste der Eichen und Birken geflüchtet hat, da lässt die aufgehende Sonne neben den scharfen Schatten den Nebel umso heller leuchten. Sie hat keine Mühe, die feinen Schleier der Nebelschwaden von den weiten Fluren zu verscheuchen. Birkenblätter blinken in ihrem Licht wie blanke Spiegel. Und der Spinnen Netze – silbernen Ketten gleich, hauchdünn von Halm zu Halm gespannt – glänzen wie zierliches Geschmeide im Filigran der Sonnenstrahlen.
Das ist die beste Zeit für den Schäfer. Die Blütezeit mit all dem lauten Wundern und Treiben der Ausflügler und Wanderer ist vorüber. Ihr schönstes Kleid hat die Heide

Schnuckenschäfer Günter Beusse 1983 mit seinen Schützlingen.

jetzt, in dem tiefen Gold- und Bronzeton der sterbenden Blütenglocken, geschmückt vom glitzernden Diadem des Raureifs. Eine Motte taumelt aus dem Heidekraut empor. Das schwache Blaffen eines Hofhundes ist von derselben Mattigkeit wie die schläfrige Melodie der Goldammer. Das Land verläuft mit den langsam hereinbrechenden Schatten in violette Streifen. Das Auge haftet nicht, sondern schweift über all das hinweg, ohne einen Punkt zu finden, der die Gedanken aufzuhalten vermag. Das Abendrot verlodert, die blauen Wälder verdunkeln sich und verblassen.

Schäfer – ein Idyll, hinter dem harte Arbeit steckt: Das ganze Jahr über bei jedem Wetter unterwegs und 70-Stunden-Wochen ohne Urlaub. „Da kann man auch bei schönstem Wetter nicht immer entspannt die Seele baumeln lassen", sagt Günter Beusse. Und doch muss er Gelassenheit und Ruhe ausstrahlen, was sich auf die Herde überträgt, und die Tiere verhalten sich erstaunlich ruhig. Nur gelegentlich blökt ein Jungtier. Für den Schäfer ein sicheres Anzeichen dafür, dass alles wohlauf ist. „Blökende Schafe gleichen quengelnden Kindern", sagt er mit einem zufriedenen Blick auf seine geruhsam weidende Herde. „Sie bringen damit ihre Unzufriedenheit und Langeweile zum Ausdruck."

Günter Beusse – als Sohn eines Schäfers auf dem Tütsberg geboren – kehrte „nach sieben verlorenen Jahren als Fernfahrer" wieder zu den Schafen und in seine Heide zurück. Seit über 40 Jahren setzt er nun schon jeden Morgen seinen breitkrempigen Hut auf, legt den weiten grünen Wetterumhang um und greift zu seinem mit Schaufel und Haken ausgestatteten Schäferstab. Und voller Stolz trägt der „Tierwirt, Fachrichtung Schafe", wie seine Berufsbezeichnung im typischen Amtsdeutsch heute heißt, seine mit mehreren Reihen Perlmuttknöpfen besetzte Weste: Markenzeichen eines Unternehmers, dem Freiheit wichtiger ist als Freizeit.

Die Köpfe mit den geschwungenen Hörnern unablässig am Boden, so zupft und knabbert sich die Herde der 400 Schafe über den Höpen. Und die Hütehunde wachen darüber, dass es da langgeht, wo es langgehen soll. Der Höpen, das ist ein aus viel Heide, Wald, Flussauen, blühenden Wiesen und ertragreichen Äckern farbenfroh zusammengestelltes Naturmosaik rings um eine Anhöhe nördlich von Schneverdingen inmitten der Lüneburger Heide. Längst hat sich die Sommerbrise aus blauschwarzen Föhren und Eichenbusch zurückgezogen. Es ist die Stunde der Stille, und es tut gut, sich einzuschweigen in das Zwiegespräch mit Mutter Natur.

Heidschnucken im Pulk.

Rotierende Kaffeetassen und ein Krokodil auf Abwegen

Der gewaltige Orkan, der am 13. November 1972 über Norddeutschland fegte, hatte Maria Röders-Poth schwer getroffen. Der Sturm hatte ein 15 ha großes Freigehege, knapp ein Drittel ihres erst zwei Jahre zuvor eröffneten Wildparks „Heidenhof", völlig verwüstet. Umso mehr widmete sie sich nun der Gestaltung und Pflege der verbliebenen 35 ha ihres Parks inmitten einer weiträumigen Wald- und Wiesenlandschaft im Norden Soltaus und den darin gehaltenen Tieren. Neben Rot-, Dam- und Muffelwild waren das vor allem Schwarzwild und Heidschnucken, Ziegen und Enten, Pfauen und Fasane, Luchse und Wisente, Waschbären und Meerschweinchen.
Daneben galt Maria Röders-Poths ganze Aufmerksamkeit dem anfangs ebenfalls von ihr geführten, zum Wildpark gehörenden Hotel-Restaurant „Wolfsgrube". Doch aus personellen Gründen verpachtete sie im Jahr 1975 das Restaurant, eine – wie sie bald erkennen musste – unglückliche Entscheidung. „Der Pächter", so resümiert sie heute, „verminderte die bis dahin anerkannte Attraktivität so sehr, dass er die Liebhaber des Wildparks und seines ursprünglich schönen Restaurants zunehmend vergraulte. Sie alle wünschten sich, dass ich die ‚Wolfsgrube' wieder selbst übernehmen würde. Doch dazu fehlten mir die Kraft und der Mut." Maria Röders-Poth entschloss sich schließlich schweren Herzens zum Verkauf.
Im Frühjahr 1978 übernahm der aus einer Schausteller-Familie stammende Hans-Jürgen Tiemann den Wildpark und das Restaurant, kultivierte mit Hunderten von Lkw-Ladungen Mutterboden den nach wie vor brach liegenden sturmgeschädigten Geländeteil und legte einen kleinen See an. Unter dem Namen „Heide-Park" errichtete er mit zunächst sechs Fahrgeschäften und einer

Alligator-Schau-Arena einen „riesengroßen Spielplatz“ am Rande des Wildparks. Zum Eröffnungswochenende am 19./20. August 1978 drängten sich fast 15 000 Menschen durch die Tore des „Familien- und Freizeitparks“, wie er damals hieß.

Die Western-Eisenbahn gehörte zu den ersten Fahrgeschäften des „Heide-Park“, als er Ende der 70er-Jahre eröffnet wurde.

Die ersten Fahrgeschäfte erwiesen sich als relativ unspektakulär und harmlos: Eine gemütliche Fahrt mit der Western-Eisenbahn oder mit der Hochbahn durch den Park, daneben eine Oldtimer-Fahrt mit echten „Schnauferln“ aus Großvaters Zeiten oder ein gemütliches Dahingleiten mit finnischen Holzflößen auf dem See waren im Angebot. Die Kleinen führte die „Märchenbahn Wichtelhausen“ an einer der zahlreichen Märchenszenarien

Kopfüber durch die Heide.

vorbei, und in der Riesenschiffschaukel konnte spielend leicht Windstärke zehn simuliert werden. Und während Oma mit dem Enkelkind auf dem Schoß eine beschauliche Floßfahrt machte, fuhr Opa mit der Western-Eisenbahn durch den Park und notierte auf einem Zettel, was er sich unbedingt noch aus der Nähe ansehen musste.
Doch dann ging es Schlag auf Schlag, und von Jahr zu Jahr wurde „Opas Liste“ länger. Denn während der Wildpark „Heidenhof“ hinsichtlich Fläche und Tierbestand kontinuierlich dezimiert wurde, entwickelte

sich der allmählich auf 85 ha erweiterte „Heide-Park" mit ständig neuen Attraktionen zum größten Erlebnis- und Vergnügungspark Norddeutschlands: Mississippi-Dampfer, Riesenkrake, Panorama-Turm, eine 680 Meter lange Wildwasserbahn mit einer 30 Meter langen steilen Schussfahrt sowie – nach dem ersten „Big Loop" im Jahr 1982 – immer schnellere und spektakulärere Achterbahnen sorgten für ständig neue Anreize und zunehmenden Nervenkitzel. Der Heimatdichter Hermann Löns (1866-

Die Schussfahrt mit der Wildwasserbahn macht nicht nur Kindern Spaß.

1914) hätte es wohl kaum für möglich gehalten: Da rasten die Menschen kopfüber und mit unglaublicher Geschwindigkeit durch seine geliebte Heide.

Der Betreiber achtet stets sorgfältig darauf, auch dem Publikum im „gesetzten Alter“ etwas Adäquates zu bieten. Zum Beispiel mit dem „Kaffeetassen-Karussell“: Riesentassen aus schnödem Plastik, aber durch keinen geringeren als den gelernten Blumenmaler und Ex-Generaldirektor der Porzellanmanufaktur Meißen, Dr. Reinhard Fichte, „ornamental-impressionistisch“ verziert und veredelt mit dem Motiv der „Dresdner Rose“ – ein in doppelter Hinsicht stilvolles überdimensionales Gedeck, ganz in Blau und Weiß, wie es die Norddeutschen bei ihrer Tee-Zeremonie schätzen.

Im freien Fall

Als weit weniger gemütlich erwies sich der Besuch des Freizeitparks für eine ältere Dame, die auf einen der beiden „Round-Up“-Aussichtstürme wollte, bei denen die Fahrgäste ganz allmählich gen Himmel gedreht werden. Was sie nicht wusste: Einer der beiden Panorama-Türme war einige Wochen zuvor vom ursprünglich beschaulichen Aussichtsturm zum „Gyro-Drop-Tower“, dem zu diesem Zeitpunkt höchsten Freifall-Turm der Welt, umgebaut worden. Und ausgerechnet den steuerte die ahnungslose Dame an. Zwar wunderte sie sich darüber, dass sie auf einem Außensitz angegurtet wurde, statt – wie bei ihrem letzten Besuch einige Monate zuvor – hinter einer windgeschützten Panorama-Scheibe Platz nehmen zu können. Doch noch bevor sie sich beim „Schaffner“ erkundigen konnte, ging es schon los. Und mit knapp 100 km/h sauste sie inmitten verzückt kreischender Mitmenschen aus 71 Metern im freien Fall wieder nach unten. Noch etwas benommen, das sorgfältig hoch toupierte Haar leicht zerzaust, beschwerte sich die

Die sich allmählich gen Himmel drehende Aussichtsplattform des „Round Up“ (linkes Foto) und der Freifallturm „Gyro-Drop-Tower“ (rechts).

Seniorin lautstark beim Personal, dass sie „doch noch gar nichts gesehen“ habe und dass das „alles viel zu schnell gegangen“ sei.

Einige Damen, die es sich gut gelaunt auf einem der Holzflöße bequem gemacht hatten, wurden mit einem ganz anderen Problem konfrontiert: Während sie in bester Stimmung „Eine Seefahrt, die ist lustig…“ trällerten, schunkelten sie so voller Übermut, dass sich das Floß von den Schienen löste und umkippte. Sie nahmen es mit jauchzendem Humor, krempelten ihre Hosenbeine hoch und wateten lachend aus dem Wasser. Und während sie mit einem heißen Kakao versorgt wurden, wurde ihre Kleidung in der Wäschekammer getrocknet. Sie hatten

Eine Floßfahrt entspannt – meistens.

Glück, denn bei ihrer abrupt beendeten Fahrt befanden sich nur die heimischen Enten im Wasser.

Da geht's tierisch zu

An einem anderen Sommertag erfreuten sich die Besucher nämlich an der „naturgetreuen und täuschend echt aussehenden Nachbildung“ eines Krokodils am Rande des Sees. „Welch gelungene Kulisse“, lobten sie und fotografierten das schöne Bild, das sich ihnen bot. Doch das vermeintlich künstliche Krokodil war echt und aus seiner Arena ausgebüchst. In einer spektakulären Aktion fing der Tiertrainer den Ausflügler wieder ein. Acht Männer waren nötig, um das Krokodil samt seinem zupackenden „Herrchen“ schließlich in ein Fahrzeug zu wuchten und wieder ins Gehege zu bringen.

Doch der Ausflug ins kühle Nass sollte nicht sein letzter

gewesen sein, denn das Reptil entwischte ein weiteres Mal. Diesmal ging der Ausflug des Krokodils zu zwei Waggons der guten alten „Linie 2“ der Hamburger Straßenbahn, deren letzte Fahrt – wenn auch auf Tiefladern – in den Heide-Park geführt hatte, wo sie für nostalgisches hanseatisches Haltestellen-Flair sorgten. Im Inneren der Wagen war zum einen ein Imbiss eingerichtet, zum anderen ein Restaurant mit typisch Hamburger Gerichten und Getränken. Da bleibt natürlich immer etwas vom Vortag übrig und ehe das Reinigungspersonal an diesem Morgen aktiv werden konnte, hatte sich das Krokodil an den herumliegenden Resten gütlich getan. Keine Sorge, das Krokodil wurde eingefangen, noch bevor die Tore des Parks für die Besucher geöffnet wurden!

Die Straßenbahn an der Haltestelle „Hamburger Station“ wurde bis Anfang der 80er-Jahre gastronomisch genutzt. Das Bild entstand Ende der 70er-Jahre.

De ole Spieker

Beim Betreten eines Heidebauernhofes wird der Blick unwillkürlich von einem eher unscheinbaren hölzernen Bauwerk angezogen, das in ruhevoller Geschlossenheit und geheimnisvoller Verschlossenheit in nächster Nähe des „Grooden Huses“ liegt: „De ole Spieker“, der Treppenspeicher. Seine Türen sind fest verschlossen, kein Fenster spiegelt den Sonnenschein oder lässt seinerseits Licht nach draußen dringen. Das beste Eichenholz, die wertvollste Zimmermannsarbeit, die klobigsten Findlinge zum Unterbau waren gerade gut genug, um einen Treppenspeicher zu errichten, bei dem die Baumeister ihrem Gedankenreichtum und ihrer Erfindungsgabe freien Lauf lassen konnten. Über der Tür auf dem schön geschwungenen Kopfbalken hieb der Erbauer dann stolz seinen Namen und die Jahreszahl ein. Heute mutet der Treppenspeicher wie ein Baudenkmal an, das aus der Vergangenheit in die Gegenwart hineinragt.
„Die machen ihren Mannsbildern das Fensterln ja leicht“, lachte Josef seine Frau Daniela an, als er zum ersten Mal vor einem solchen Treppenspeicher stand. Das Ehepaar stammte aus dem Allgäu und verlebte ein paar Tage Urlaub in die Heide. Und nun machte Josef ein Foto nach dem anderen von diesem „alten Holzhaus“, um sie nach der Rückkehr seinen Freunden am Stammtisch zeigen zu können. Die Treppe führte an der Giebelwand empor bis zur Höhe des ersten Geschosses. Das Dach sprang weit über die altanartige Plattform vor, die ein wunderschönes kunstvoll gearbeitetes Geländer umgab und von der man zur Tür gelangte.
Daniela lachte: „Glaubst du wirklich, dass hier die Töchter des Hauses gewohnt und auf ihre Verehrer gewartet haben?“ „Nee“, schüttelte Josef den Kopf, „aber neugierig bin ich schon. Wozu dienten diese seltsamen Gebäude wohl?“ Die Antwort bekamen sie am Abend von ihrer

Wirtin, zu deren Hofanlage der Treppenspeicher gehörte: „Unsere Vorfahren“, erklärte sie ihren Gästen, „bauten diese Speicher abseits vom Bauernhaus, um Räume zu schaffen, die nicht von Ruß und Rauch verunreinigt wurden.“ Das nämlich ließ sich bei einem Bauernhaus, das noch keinen gemauerten Schornstein besaß, nicht erreichen.

Früher dienten Treppenspeicher zur Aufbewahrung wichtiger Dinge, wie Urkunden, Aussteuertruhen oder Wäsche, die man vor einer Feuersbrunst schützen wollte. Dieser Treppenspeicher steht in Müden/Örtze.

„De ole Spieker“ war zumeist das ureigenste Reich der Bäuerin. Er wurde auf dem Hofe in der Nähe des Bauernhauses so aufgestellt, dass er vom Herdfeuer, dem Platz der Bäuerin, gut beaufsichtigt werden konnte. Oft gehörte zur Brautgabe einer jungen Bäuerin ein

Treppenspeicher: Zwei- oder dreigeschossige Holzhäuser, um die 50 qm^2 groß, aus Eichen und Fichtenholz, auf dem elterlichen Hof zugehauen und auf dem neuen Heimathof aufgestellt, zumeist auf Fundamentsteinen oder festem Mauerwerk stehend, etwa 15 Tonnen schwer.
Nicht zuletzt wegen der großen Feuersgefahr war der Speicher meist vom Haupthaus abgerückt. So schützte man wichtige Dinge wie Papiere oder Saatgut, aber auch die Wäscheschränke und Truhen mit der Aussteuer und Sonntagskleidung vor einer möglicher Feuersbrunst. Die Bäuerin allein besaß den Schlüssel zum Speicher, der die kostbarsten Schätze des Hofes, den Ertrag der Ernte an Korn, Honig, Flachs, Hopfen, Leinen, Wachs, Fleisch, Garn und Wolle barg. Auf dem Boden des Speichers wurde nach der Heideblüte bis zum Verbrauch zudem der von den Bienen erarbeitete Scheibenhonig in aus Stroh geflochtenen Bienenkörben, den „Lüneburger Stülpern“, gelagert. Und mit der Kultivierung der Heideflächen zu landwirtschaftlichen Nutzflächen mussten die Speicher, von denen es auf größeren Höfen oftmals mehrere gab, zunehmend zur Lagerung von Getreide, bisweilen sogar als Unterstand für das Vieh herhalten. Die reine Holzkonstruktion sorgte für Trockenheit im Innern und war so dicht verbohlt, dass die gelagerte Ware vor Mäusen geschützt war.
„Gelegentlich“, ergänzte die Wirtin mit hintergründigem Lächeln, „dienten die Speicherböden auch als Schlafplatz für die Knechte, die natürlich gern die Gelegenheit nutzten, sich im Stroh von einer liebevollen Magd den Feierabend versüßen zu lassen.“ „Das glaubt mir daheim kein Mensch“, entfuhr es Josef, „dass hier die Mannsbilder den Maderln sogar das Fensterln überlassen.“
Diese Erfahrung hätte Josef mit seiner Frau in einem der Nachbardörfer selbst machen können. Dort wurde ein 250 Jahre alter Treppenspeicher als Ferienwohnung angeboten, wie er von einem ortsansässigen Imker

erfuhr. Statt eines Strohlagers gab es allerdings „nur“ ein „nach frischer Landluft duftendes Bauernbett“. Kinder wie Erwachsene durften in die auf Wunsch bereit gestellten nostalgischen Gewänder von Knechten und Mägden schlüpfen und sich ganz nach Lust und Laune in die alten Zeiten begeben.

Der Aufgang des Treppenspeichers erinnert an eine Hühnerleiter.

Das wollten sich das Ehepaar aus dem Allgäu dann doch mal aus der Nähe anschauen und ließ sich den Weg beschreiben. Als sie dort ankamen, übernahm der Hofhund kurz die Personenkontrolle und hatte offensichtlich nichts gegen eine Besichtigung einzuwenden. Wie

Ein Treppenspeicher in Winsen/Aller.

ein lebenserfahrener Nachtportier hatte er nur einen müden Blick für das Paar und gab bereitwillig den Weg zum Treppenspeicher frei. Josef war angenehm überrascht von der Stätte der Behaglichkeit und Gemütlichkeit und von der Aussicht, die sich ihm – in zweifacher Hinsicht – auf der kopfsteingepflasterten Terrasse bot: „Das wär ein Urlaubstag in meinem Sinne“, lachte er seine Daniela an, „angefangen beim Frühstück im Pyjama bis zur guten Flasche Wein am Abend mit dir in der Hollywoodschaukel sitzen, ausspannen und träumen, und dann wie vor einer Berghütte im Allgäu den letzten Strahlen der untergehenden Sonne hinterher blicken.“

Der artenreichste Wildpark Europas

„Tag, Cora!“ ruft Georg Friedrich von Krogh im Vorbeifahren aus dem Autofenster und lüftet den Jägerhut. „Cora“, krächzt die Kolkrabenfrau ihren Namen zurück, hüpft an den Maschendraht und äugt neugierig hinter dem grünen Kombi her. Der bärtige Mittvierziger hinter dem Steuer bremst vor einem großen Wasserbecken, klimpert mit seinem Schlüsselbund und ruft: „Snurphy?“ Sofort hechtet ein Fischotter vom Kletterturm in der Mitte des Bassins und schwimmt an die große Scheibe heran. Kein Zweifel: Georg Friedrich von Krogh kannte seine Tiere, und sie kannten ihn, ihren Chef.

Wildpark-Gründer Georg Friedrich von Krogh bei der Bärenaufzucht, Mitte der 80er-Jahre.

So oder ähnlich haben sich die täglichen „Guten-Morgen-Kontrollfahrten“ des Zoodirektors abgespielt, berichten die Menschen, die ihn gekannt haben. Im August 1970 hatte der Sohn eines ostpreußischen Forstmeisters in Nindorf-Hanstedt, etwa zwischen Hamburg und dem

Auge in Auge mit den Tieren unserer Heimat.

Autobahndreieck Walsrode gelegen, den „Wildpark Lüneburger Heide“ eröffnet und sich damit seinen Kindertraum vom Zoodirektor erfüllt. Allerdings schuf er sich keinen Zoo mit kleinen Käfigen und schmalen Wegen, wie es seinerzeit vielerorts üblich war: Auf seinem anfangs 50 ha großen Areal fanden die Tiere viel Auslauf und die Besucher idyllische Spazierwege. Über allem

steht die Maxime des Parkgründers, den Besuchern Einsichten in die Natur, die Tierwelt zu vermitteln und ihnen Erholung zu bieten.
Das anmutige und hügelige Gelände mit dem abwechslungsreichen Baumbestand und den stillen Waldteichen war vorher reines Wald-Moor-Gebiet. Heute gilt der Wildpark mit seinen 120 Tierarten von der Schneeziege bis zum Moschusochsen, vom Stinktier bis zum Polarwolf als artenreichster Wildpark Europas. Alte und gefährdete Haustierrassen finden hier ein neues Zuhause, etwa das vom Aussterben bedrohte Husumer Landschwein, das wegen seines relativ fetten Fleisches bei den Züchtern kaum noch gefragt ist. Mit den Folgen der bundesweit in der ARD ausgestrahlten NDR-Doku-Soap „Wolf, Bär & Co.", die im Wildpark spielt, ist er einem breiten Fernsehpublikum bekannt geworden.

Auf Abwegen

Bären, Wölfe, Elche, Luchse – und über allem zieht ein Weißkopfseeadler majestätisch seine Bahnen. Eines Tages war der Weißkopfseeadler verschwunden, einfach weggeflogen, und bewegte sich ein halbes Jahr lang „auf Abwegen". Es mangelte nicht an Hinweisen aus der Bevölkerung, nachdem ein entsprechender Aufruf ergangen war, und jedes Mal begab sich Falkner Lother Askani auf die Spur seines Schützlings. Doch einen Adler kann man nicht einfach mal so einfangen, auch nicht mit Hilfe von Ködern aus aufgebrochenen Hasen. Offensichtlich fischte er lieber in den reichhaltig gefüllten Fischteichen und Flüssen in der Umgebung, wie Zeugen in jener Zeit berichteten. Und so kehrte sein Herrchen ein ums andere Mal mit leeren Händen in den Wildpark zurück, bis der gefiederte Ausreißer eines Tages im Safaripark Hodenhagen gesichtet wurde. Seelenruhig und selbstbewusst machte er sich über die Fleischrationen der Löwen her, die konsterniert dabei standen und zusahen.

Die Pfleger erkannten das gesuchte Tier und bereiteten diesem Mundraub mit einem gezielten Betäubungspfeil aus dem Blasrohr ein jähes Ende.

Die große weite Welt

Der Weißkopfadler war nicht der einzige, der sich auf Wanderschaft begab. Ein Elchbulle wollte mal ein paar Schritte in die große weite Welt wagen und stand eines Nachts um halb eins mitten im Scheinwerferlicht eines verdutzten Autofahrers. „Ich glaub‘, hier steht ein Elch auf der Straße“, meldete der sich telefonisch bei der Polizei. Und noch während er dem skeptischen Beamten eine „Personenbeschreibung“ durchgab, flüchtete das mächtige Tier mit einem nicht minder mächtigen Satz über die Motorhaube in den angrenzenden Wald und verschwand in der Dunkelheit.

Wie die Indianer in klischeebehafteten Wildwest-Filmen begab sich der Kreisjägermeister mit seinen Leuten und ausgebildeten Schweißhunden bei Tagesanbruch auf Spurensuche. Sogar ein Hubschrauber war im Einsatz. Währenddessen stand der Elchbulle im Gebüsch und amüsierte sich offensichtlich über das umherirrende Aufgebot, bis er schließlich entdeckt wurde. Ein Schuss aus dem Narkosegewehr setzte ihn schachmatt. Es vergingen einige bange Sekunden, in denen das getroffene Tier seine schwindenden Kräfte zu bündeln und sich instinktiv zur Wehr zu setzen versuchte. Aber rechtzeitig, bevor der wütend seinen Kopf wiegende Bulle zu einem verzweifelten „Gegenangriff“ ansetzen konnte, entfaltete das Narkosemittel seine volle Wirkung. Mit einem Radlader wurde der fast 400 kg schwere Elch in sein nur zwei Kilometer entferntes Wildpark-Gehege zurück transportiert, wo er kurz darauf aus seiner Narkose erwachte, etwas unbeholfen und mit wackeligen Beinen aufstand und schließlich kopfschüttelnd zu seinen Elchdamen trottete.

Blick ins Elchgehege.

Der Sennhund in der Bärenschlucht

Noch aufregender für alle Beteiligten entwickelte sich eine zunächst alltägliche Situation an der 3000 m² großen Bärenschlucht, einer der Attraktionen des Parks: Ein junges Ehepaar stand mit seiner Tochter und dem Familienhund, einem Berner Sennhund, an der Abgrenzung. Nur ein ummauerter Wassergraben trennte die Besucher von den Karpatenbären. Wie Tausende von Menschen vor ihm warf der Mann mit einer ausholenden Handbewegung Futter in das Gehege. Und innerhalb von Sekundenbruchteilen spulte der Hund in seinem Kopf einen vertrauten Film ab: Herrchen wirft Stöckchen,

Hund apportiert, Herrchen freut sich, Hund kriegt Belohnung. Noch ehe irgendjemand reagieren konnte, riss sich das gelehrige Tier los und sprang dem von seinem Herrchen geworfenen Etwas hinterher. Er landete ziemlich unsanft im Bärengehege und schaute suchend nach dem „Stöckchen“. Nach kurzem Zögern näherte sich neugierig die erste Bärin. Der Hund stutzte, sackte in sich zusammen und blieb reglos liegen, während die Bärin ihn mit ihrer Tatze umzudrehen versuchte: „Ich will doch nur spielen.“ Die Mutter schrie auf, das Mädchen weinte, der Vater fuchtelte aufgeregt mit den Armen, und die Umstehenden teilten sich auf in „Actionfilm-Gaffer“ und „Tun-Sie-doch-was“-Ratgeber.
Endlich war ein Tierpfleger aufmerksam geworden. Er erfasste sofort die Situation, griff zum Wasserschlauch, hielt mit maximalem Druck die Bärin auf Distanz und rief nach Verstärkung. Während die herbeieilenden erfahrenen Angestellten mit den bedrohlichen Geräuschen einer Motorsäge und allen verfügbaren Wasserschläuchen die Bären „bekämpften“, wurde der nach wie vor reglose Hund mit Hilfe einer Leiter und vereinten Manneskräften aus dem Graben geborgen. Als er sich schließlich unter „seinen Menschen“ wiederfand, kam schnell Bewegung in ihn. Der inzwischen herbeigerufene Tierarzt stellte allerdings fest, dass er noch unter Schock stand. Der kluge Hund hatte instinktiv das Richtige getan, als er sich mit den Bären konfrontiert sah: Er stellte sich tot. Aber das konnte seine erleichterte Familie ja nicht wissen.

Die sprechenden Laternen von Celle

Es ist ja durchaus nicht ungewöhnlich, dass ein Redner sich für eine große Leuchte hält. Und diese Spezies ist auch keineswegs regional begrenzt. Dass aber umgekehrt große Leuchten zu Rednern werden, das dürfte es wohl nur in Celle geben. Und die Menschen in der alten Residenzstadt wollten ihren Augen und Ohren nicht trauen, als vor einigen Jahren in der Rundestraße an der Einmündung zur Poststraße – direkt neben dem legendären Hoppener-Haus – fünf Straßenlaternen erstmals mit den Passanten zu sprechen begannen. Das neugieriggespannte Interesse war von Beginn an überwältigend, das Medieninteresse war groß, und schnell sprach es sich herum, dass da „eine Handvoll seltsamer blecherner Gestalten“ auf die vorbei hastenden Menschen einredete und sie mit interessanten historischen, aber auch aktuellen Informationen zum Innehalten animierte.
Eine gute Idee, denn da die Laternen ihrer ursprünglichen Verwendung entsprechend quasi „helle Köpfe“ haben, bieten sie sich geradezu dafür an, die Celler Stadtgeschichte auf ihre ganz spezielle Art im wahrsten Sinne des Wortes zu beleuchten und die fasziniert lauschenden Zuhörer dabei neckisch anzustrahlen. Die Laternenfamilie besteht aus der leicht gebeugten „Oma Lilo“ (gesprochen von der in Celle geborenen Lilo Wanders), ihrem kleinen „Enkel Jonas“ sowie dessen drei Onkeln, nämlich der akkurat erscheinenden „Perfekten Laterne Herr Westphal“, dem schlaksigen „Langen Lulatsch Olli“ und der korpulenten „Dicken Laterne Gerlach“ (mit der Stimme des Krümelmonsters aus der Sesamstraße). Als Kopf haben die Laternen einen dimmbaren Leuchtkörper, der während der Sprachwiedergabe flackert und dadurch den Stimmen-Effekt optisch unterstützt. Diese rundum verglasten Leuchtkörper des unterhaltsamen Quintetts sowie ihre typischen „Laternenhüte“ sollen an

die im vorletzten Jahrhundert aufgestellten ersten Gaslaternen erinnern.

Es werde Licht

Die ersten Versuche, Licht in das nächtliche Dunkel der Celler Altstadt zu bringen, liegen schon über zweihundert Jahre zurück: 1785 wurden etwa fünf Dutzend mit Talg, später mit Öl und Petroleum betriebene Kugelleuchten installiert. Tranfunzeln lösten in der Folgezeit die vermehrt aufgestellten Rapsöllampen ab. Ab 1857 gab es dann die ersten Gaslaternen, die ihre charakteristischen gelblichen Lichtkegel auf das Pflaster in den engen Gassen warfen und die menschenleeren Plätze Nacht für Nacht in ein schummriges Licht tauchten. Laternenanzünder oder Lampenwärter zündeten bei Einbruch der Dämmerung die Laternen einzeln an und löschten das Licht dann im Morgengrauen wieder. Vor ziemlich genau einem Jahrhundert – im Jahr 1909 – wurden schließlich die ersten elektrischen Bogenlampen aufgestellt. Mit den sprechenden Laternen hat man der städtischen Straßenbeleuchtung nun quasi ein Denkmal gesetzt.

Geschichte und Geschichten

Die fünf nicht nur in ihrer Silhouette, sondern auch – ihrem Typ und ihrer Rolle entsprechend – in Gesprächsführung und Artikulation gestalterisch unterschiedlichen Charaktertypen werden über einen Bewegungsmelder aktiviert, sobald sich jemand ins Zentrum der kommunikationsfreudigen Fünfergruppe begibt. Sie erzählen entweder den Passanten Geschichten über die Stadt oder sie unterhalten sich untereinander tratschend über aktuelle Begebenheiten und Ereignisse. Dabei werden gespeicherte Audiosequenzen angerufen, beispielsweise Fakten oder Anekdoten über die Celler Altstadt oder auch kurze, witzige Sprüche und Dialoge. Und

Nostalgische Laternen prägen das Bild der Celler Altstadt.

besonders gern lassen die Laternen die mal tragischen, mal amourösen Geschehnisse am Hofe Revue passieren und rufen auf hintergründig humorvolle Weise die Erinnerungen an Georg Wilhelm, den letzten Celler Herzog,

Im Dialog mit einer Laterne? Das gibt's nur in Celle.

und seine kunstsinnige Gemahlin Eléonore d'Olbreuse wach, sowie an Prinzessin Sophie Dorothea und die dänische Königin Caroline Mathilde, deren Namen und romantische Anekdötchen über herzogliches Herzeleid unauslöschlich mit Celle verbunden sind.

So erfahren Einheimische und Gäste nicht nur spannende, lustige und informative Geschichten aus dem Celler Stadtleben, sondern bekommen zusätzlich noch das eine oder andere Histörchen rund um die ehemalige Residenz und ihre blaublütigen Bewohner zu hören. Am Abend schaltet der Computer auf kurze Begrüßungen um. Er erklärt aber auch gern den schnellsten Weg zum Kino oder trällert den vorbeihastenden Last-Minute-Shoppern ein kleines Gute-Nacht-Lied.

Für Verblüffung und Rätselraten bei Groß und Klein sorgen die Laternen vor allem dann, wenn sie bei aktuellen Anlässen wie der jährlichen Hengstparade, dem Altstadtfest oder dem Weinmarkt spontan und „live" mit den Passanten sprechen oder ihnen sogar mit aktuellen Einkaufstipps und Veranstaltungshinweisen beratend zur Seite stehen. Des Rätsels Lösung: Die oder der Gesprächspartner(in) spricht über Funk aus einem Versteck in unmittelbarer Nähe oder verborgen hinter der Gardine eines Fensters im gegenüber stehenden Haus, die Stimme ertönt dann aus dem Lautsprecher der Laterne. Im Laternenpfahl wiederum ist ein Mikrofon integriert, sodass eine echte Unterhaltung zwischen Laterne und Passanten möglich ist, die zugleich live auf die Straße übertragen wird und die zunächst unbeteiligten Leute mehr und mehr in ihren Bann zieht. Auf diese Weise kam es sogar schon zu der kaum vorstellbaren Situation, dass die Laternen mit dem „Langen Lulatsch" als ihrem „Lead-Sänger" während des Celler Weihnachtsmarktes im Chor mit rund zweihundert Passanten volkstümliche Weihnachtslieder wie „O Tannenbaum" und „Leise rieselt der Schnee" gesungen haben.

Hoch zu Ross

„Hände hoch, oder ich schieße!“ – Pferde scheuen, Reifen mahlen sich knirschend in den Sand, und aus dem Innern der Postkutsche lässt eine angstvoll kreischende Frauenstimme die gefiederten Bewohner des Waldes die Flucht nach oben ergreifen. Zwei berittene Banditen greifen der in Ohnmacht sinkenden Dame erst unter die Arme und dann mit geübten Griffen ins Portemonnaie und sind, noch ehe der brave Kutscher zum Beweis seines Mannesmutes schlotternd die Hemdsärmel aufgekrempelt hat, unter Hohngelächter im Dickicht verschwunden. Ein Flimmer-Ausflug vom Kinosessel in den Wilden Westen? Nein. Eine leibhaftige Touristenattraktion, die in den 1960er-Jahren an jedem Sonnabend in Hittfeld im Norden der Lüneburger Heide zu erleben war.

Kutscher Hermann und sein Postillion Carl wirkten in ihren rot-goldenen königlich-hannoverschen Uniformen wie Boten einer längst vergangenen Epoche. Nicht nur spektakuläre Schauspiele mit Peitschenknall und Riechfläschchen gehörten seit 1958 zum Angebot ihres Postkutschenvereins, für den sie in die Mode von vor hundert Jahren schlüpften, um die Touristen für einen Tag in eine Illusionswelt zu führen. Sie ließen auch das friedliche, verträumt-nostalgische Postkutschen-Idyll wieder aufleben und räumten der Romantik ein würdevolles Plätzchen ein, indem sie in ihrem hölzernen Gefährt mit den Urlaubern durch die Heidedörfer holperten oder von Hörnerklängen begleitet gemütlich durch die Wälder zuckelten.

Eine romantische Reise in die Erinnerung gab es rund 40 Jahre später, als am Lönsstein auf dem Wietzer Berg bei Müden/Örtze der bekannte Kammersänger Günther Wewel eine Folge seiner TV-Serie „Kein schöner Land“ aufzeichnete. Es lag aber nicht an der Furcht vor Überfällen wie zu Postkutschenzeiten, dass er das quasi „unter

Polizeischutz" tat, sondern hatte vornehmlich repräsentativen Charakter. Dem Aufnahmeteam kam nämlich die Regelung sehr gelegen, dass in den Sommermonaten eine berittene Polizeistreife in der weitläufigen Heidelandschaft Dienst tut. Die hübsche junge Beamtin auf ihrem edlen Rappen verschönerte buchstäblich das Bild. Beiläufig machte sie Werbung für die Präsenz der berittenen Polizei, die während der Saison im Naturschutzgebiet Lüneburger Heide aufklärend und helfend für Recht und Ordnung sorgt, denn nicht allen Ausflüglern scheinen Bedeutung und Ansprüche des Naturschutzes bewusst zu sein.

„Unter Polizeischutz": Kammersänger Günther Wewel bei TV-Aufnahmen auf dem Wietzer Berg bei Müden/ Örtze Ende der 90er-Jahre.

Zahlreiche Hinweise auf die Lüneburger Heide an den Autobahn-Ausfahrten zwischen Hannover und Hamburg fordern die Menschen auf, diese weltberühmte

Heidelandschaft bei Schmarbeck.

Naturlandschaft aufzusuchen und sich als Autofahrer einmal eine Pause von der Hektik des Alltags zu gönnen. Schön, sich Zeit zu lassen und gemächlich den birkengesäumten Straßen zu folgen zu gemütlichen Dorfkrügen, zu uralten Findlingskirchen mit hölzernen Glockentürmen, zu beschaulichen Höfen unter Eichendächern und „ergrauten" Fachwerkhäusern mit den gekreuzten Pferdeköpfen als Giebelzier, zu windschiefen Immenzäunen oder zu Heckenrosen in romantischen Klostergärten.
Für manche Menschen scheint jedoch ein Abstecher in die Lüneburger Heide nichts anderes zu sein als das Abbiegen von der Autobahn auf irgendeinen Rastplatz. Hast und Bequemlichkeit verleiten viele dazu, mit dem Auto quasi „bis vor die Tür" fahren zu wollen, auch wenn die Straßen und Wege für Kraftfahrzeuge gesperrt sind. Dann kann es den Betroffenen allerdings sehr schnell passieren, dass plötzlich ein Polizeireiter vor ihnen auftaucht und die berühmte Kelle hebt. Berittene Polizei? Was sonst? „Wenn wir im Naturschutzgebiet im

Streifenwagen oder auf dem Krad herumbrausen würden", erklärt ein Beamter der örtlichen Polizeiinspektion lächelnd, „könnten wir den Touristen doch schlecht erzählen, dass sie hier nicht motorisiert unterwegs sein dürfen."
Mit ihrer offenen Präsenz wurde die Polizei mehr und mehr zum unverzichtbaren Naturschützer. Bereits seit den 1950er-Jahren werden Streifen der Polizeireiterstaffeln Hannover und Braunschweig in wechselnden Teams im Naturschutzpark eingesetzt. Natürlich ist es eine willkommene und überaus beliebte Abwechslung für die sonst zumeist bei Demonstrationen, Schützenfesten, Fußballspielen und anderen Großveranstaltungen eingesetzten Pferde und Reiter, wenn sie von Juli bis September die schadstoffgeschwängerte Stadtluft gegen die frische erdig-würzige Landluft in der Heide eintauschen können.
„Was für ein Traumjob", mögen viele Besucher der Lüneburger Heide denken, wenn sie die Polizeireiter bei

Seenlandschaft in der Heide bei Schneverdingen.

schönem Wetter durch die noch schönere blühende Landschaft patrouillieren sehen – hoch zu Ross und scheinbar ohne jeden Stress, ganz nach dem bekannten Motto „Das Glück der Erde liegt auf dem Rücken der Pferde".
Weit gefehlt, die geruhsam anmutenden Ritte durch die Heide sind längst nicht so unbeschwert, wie sie vielleicht aussehen mögen. Nicht nur tiefer Boden, intensive direkte Sonnenbestrahlung und ständige Staubentwicklung verlangen Pferden und Reitern einiges ab. Die Polizeireiter sind alles andere als „Schönwetterreiter", denn ihre Einsätze erfolgen zu jeder Zeit „bei Wind und Wetter". Sie suchen nach Vermissten, helfen Verletzten, weisen Wanderer und Mountainbiker zurecht, die den Weg verlassen haben, und verhängen Bußgelder, wenn jemand raucht, grillt oder seinen Hund nicht angeleint hat. Frei laufende Hunde – so ein Schäfer – werden von ihren Haltern oft verharmlost, doch sie verursachen große Probleme, wenn sie, gewollt oder nicht, aus reinem Jagd- oder Spieltrieb Schnuckenherden auseinander treiben und dabei sogar in Kämpfe mit den Hütehunden geraten, die ihre Herde verteidigen. Prinzipiell stören und ängstigen sie die Tierwelt im Naturschutzpark erheblich.
Ein Bußgeld wird fällig, wenn jemand mit seinem Auto die aus Naturschutzgründen gesperrten Straßen befährt. „Zuweilen verirren sich ganze Busse in den für Autos gesperrten Bereich", stellt eine Polizeimeisterin kopfschüttelnd fest. Die Beamten können Strafverfahren einleiten, zum Beispiel, wenn ein rücksichtsloser Motocross-Fahrer nicht nur über die für den Kraftverkehr gesperrten Sandwege rast, sondern darüber hinaus mit zerstörerischen Folgen die geschützten Heideflächen durchpflügt. Nicht nur in solchen Fällen, auch von alkoholisierten Gruppen müssen sich die Polizeireiter mitunter auch mal einen dummen Spruch anhören. „Wo haben Sie denn Ihr Blaulicht?", gehört dabei noch zu den

harmloseren. Über Funk stehen die berittenen Polizisten mit der örtlich zuständigen Polizeistation in Verbindung, für den Fall, dass Hilfe oder Verstärkung erforderlich

Polizeireiter vor einer Schnuckenherde bei Wilsede.

wird. Für den äußersten Notfall – etwa bei verletzten oder hilflosen Wanderern – steht die „moderne Kavallerie“ bereit: der Rettungshubschrauber.

Ganz besonders werden die Kutschen unter die Lupe genommen. „Oft mussten schon Pferde ausgeschirrt werden, weil sie überlastet waren“, schildert ein Polizeiobermeister. Es seien schon Unfälle durch „Alkohol am Zügel“ vorgekommen, was für die Fahrgäste sehr gefährlich werden könne. „Doch das sind die Ausnahmen“, sind sich die Polizeireiter einig. „Im Großen und Ganzen verhalten sich die Kutscher in der Heide vorbildlich und unterstützen uns oft bei unserer Arbeit.“ Dazu gehört auch die Aufklärung der Touristen, denn manche Urlauber rupfen die geschützte „gemeine Besenheide“ gleich körbeweise ab, weil sie angeblich nicht wissen, dass das verboten ist.

Nie mehr ohne!

In einer selten peinlichen Situation befand sich eines Tages der Polizeibeamte Norbert Rabe, als er mit seinem Pferd „Pascha“ bei Oberhaverbeck auf Streife war. Er traf dort gleich auf fünf Kraftfahrzeuge, deren Fahrerinnen und Fahrer das Durchfahrtsverbot missachtet und das Schutzgebiet verbotener Weise befahren hatten. In freundlich-dienstlichem Ton machte er die Betroffenen auf ihr Fehlverhalten aufmerksam und fragte sie pflichtgemäß, ob sie mit einer gebührenpflichtigen Verwarnung in Höhe von (damals üblichen) 20 DM einverstanden seien.

Als niemand widersprach, nahm der Polizist seinen Verwarnblock zur Hand und griff nach seinem Kugelschreiber. Doch der Griff ging ins Leere. Beim Wechseln seines Diensthemdes hatte er vergessen, den Inhalt der Brusttaschen umzuordnen. Verschämt und etwas kleinlaut zwar, aber mit gewohnt fester Stimme fragte er höflich, ob ihm vielleicht jemand einen Stift ausleihen könne. Die Gruppe reagierte ziemlich verdutzt, dann reichte ihm eine der Damen spontan ihren Kugelschreiber. Norbert Rabe dankte erleichtert, stellte die Verwarnungen aus, gab den Stift zurück und verabschiedete sich salutierend von den verständnisvollen Verkehrssündern. „Nie wieder habe ich nach diesem Erlebnis meinen Kugelschreiber vergessen“, lacht Norbert Rabe.

„Prost Jahrmarkt!“

Schon Tage vorher kündigt sich das große Fest an, wenn die langen Kolonnen der Fahrzeuge der Händler und Schausteller anrollen und Station machen. In den für den Durchgangsverkehr gesperrten Straßen des Dorfes findet ein farbenfrohes Geschäftstreiben statt, und nach und nach reiht sich Verkaufsbude an Verkaufsbude.

Der Müdener Markt 1937.

Müden, die „Perle der Südheide“. Schon als Ilona und Helmut zum ersten Mal hierher kamen, waren sie beeindruckt von der Atmosphäre, die dieser Ort zu bieten hat. Das Ehepaar aus Berlin fand ein Idyll vor, das ihren Vorstellungen entsprach: weitläufige Heideflächen, knorrige Wacholder, schneeweiße Birkengruppen und der ursprüngliche Charakter eines typischen Heidedorfes.

Schaustellerwagen auf dem Müdener Markt 1937.

Die den Ort umgebende faszinierende Landschaft wird auf der einen Seite durch die Örtze gekennzeichnet, auf der anderen Seite durch weite Heideflächen. Und obwohl das Dorf alles andere als verschlafen wirkte, hatten sie das Gefühl, dass die Zeit hier ein bisschen stehen geblieben ist.

Das alte Heidedorf verdankt seinen besonderen Charme den Jahrhunderte alten gepflegten Bauerngehöften, die sich entlang der urig gepflasterten Hauptstraße – überdacht von mächtigen Eichen – harmonisch in den historischen Ortskern einfügen. Sein Wahrzeichen ist die Laurentius-Kirche mit ihrem für die Heide typischen frei stehenden hölzernen Glockenturm. So alt wie die Kirche ist der Müdener Laurentius-Markt, kurz als „Müdener Markt“ bezeichnet, ursprünglich ein Krammarkt vor der Kirche, auf dem die Bauern nicht nur ihre eigenen Erzeugnisse anboten, sondern ihrerseits alles kaufen konnten, was sie nicht selbst produzierten. Eine mittlerweile fast 800 Jahre alte Tradition.
Der Müdener Markt ist aus dem Kirchweihfest entstanden und fällt auf den Mittwoch nach dem 10. August, seit Mitte der 1960er-Jahre verlängert auf den unmittelbar

folgenden Donnerstag. Dann verwandelt sich der sonst so beschauliche Ortskern in eine bunte Budenstadt mit Karussells und Ständen. Der Markt wird – dem ursprünglichen Kirchweihfest entsprechend – mit einem Gottesdienst eröffnet. Danach trifft man sich beim

Butterkuchen galt neben der Marktsülze vor allem in der Nachkriegszeit als begehrte kulinarische Spezialität auf dem Laurentius-Markt. Hier eine Aufnahme aus den 50er-Jahren.

Zeitlose Nostalgie: Das Kettenkarussell auf dem Müdener Markt.

„Marktfrühstück", einer speziellen, in Zwiebeln und Essig eingelegten Sülze, die mit deftigen Bratkartoffeln gereicht wird. In früheren Jahren schlossen die örtlichen Betriebe an diesem Mittwoch, damit alle am Frühstück im Lührnhof teilnehmen und anschließend miteinander feiern konnten.

Um 14 Uhr wird der Markt auf dem Timmerplatz feierlich eröffnet, und schnell füllen sich die Dorfstraßen mit immer dichteren Menschentrauben. Als Ilona und Helmut in den Besucherstrom der vielen Menschen eintauchen, werden sie sogleich von der einzigartigen Atmosphäre des Marktes ergriffen, wo die Händler mit beschwörenden Worten ihre Waren feilbieten. „Prost Jahrmarkt" schallt es fröhlich von überall her. „Hallo" oder „Guten Tag" sind an diesen zwei Tagen verpönt.

Unaufhaltsam strömen die Leute von nah und fern herbei, um das traditionelle Fest zu feiern. Interessante heidetypische Produkte werden an den Marktständen verkauft wie der herzhafte Heidehonig, Heidekartoffeln und Heidschnuckenprodukte, aber auch handgearbeitete Aussteuerware, Korbwaren, Haushaltswaren, Gewürze, Pflanzen sowie Pfeffernüsse, Honigkuchen, Tonpfeifen mit „Liebesperlen“ und vieles mehr. Seit 1983 gibt es sogar – damals eigentlich nur als einmaliger Werbegag gedacht – einen Stand mit Müdener Wein, allerdings aus Müden an der Mosel. Und so trifft man sich seither während des Müdener Marktes in gemütlicher Runde am Timmerplatz in der Dorfmitte bei vertraut-verwandt klingenden Namen wie Müdener Funkenberg, Müdener Sonnenring oder Müdener St. Castorhöhle und ruft sich weinselig ein fröhliches „Prost Jahrmarkt“ zu.

Größter Beliebtheit erfreut sich Jahr für Jahr das nostalgische Kettenkarussell. Da werden Kindheitsträume lebendig, als man noch drei Fahrten am Stück für fünf

Der Müdener Markt zieht sich durch den ganzen Ort. Erst am späten Abend leeren sich allmählich die Gassen.

Pfennig buchen konnte. In den 50er-Jahren kam sogar mal die legendäre „Raupe“ in den beschaulichen Ort, eine Berg- und Tal-Bahn, die unbeschreiblich langsam in Fahrt kam und dann immer schneller wurde. Fast jeder, der dort einstieg, sehnte von Beginn an das Ende der Fahrt herbei, wenn sich ein Verdeck über die Waggons senkte, und die fast ausschließlich jugendlichen Insassen unbeobachtet knutschen konnten. Auf Tuchfühlung gehen zu können, wenn auch nur für wenige, wie im Fluge vergehende Sekunden war für die Teens der prüden 50er-Jahre ein sensationelles und berauschendes Erlebnis. Abends wurde im ganzen Dorf getanzt. Im Lührnhof, im Bauernwald, auf dem Hof Lange, im Posthotel, überall gab es von abends acht bis zum Morgengrauen „Dans op de Deel“. Und es war, als würden die alten Höfe unter den noch älteren Eichen mitschunkeln.

Mitte der 50er-Jahre setzten Johann-Heinrich, Manfred, Günther und einige andere 16- bis 17-Jährige aus dem Dorf in feucht-fröhlicher Stimmung einmal mitten in der Nacht aus einer Laune heraus einen der Schaustellerwagen in Bewegung und schoben ihn mit vereinten Kräften zur Furt an die Örtze. Als der in seinem Bett schlafende Besitzer endlich merkte, dass er die schaukelnden Bewegungen und knarrenden Geräusche nicht etwa träumte, öffnete er – von einem Augenblick zum anderen plötzlich hellwach – ziemlich entgeistert die Tür, jagte die Lausebengels davon und konnte so gerade noch verhindern, dass sein Wagen in den Fluss geschoben wurde.

Der Dorfpolizist, bei dem er am nächsten Morgen den Vorfall zur Anzeige brachte, hat allerdings keinen der Übeltäter ermitteln können. Und so können die inzwischen gereiften Lausbuben von einst sich und anderen heute noch mit verkniffener Unschuldsmiene ein verschmitztes „Prost Jahrmarkt“ zurufen.

Eisenherzchen

Ein Festsaal im Grünen, der zum Genießen einlädt – so lautete das begeisterte Fazit eines älteren Herrn, nachdem er durch den Barockgarten eines märchenhaft wirkenden Kastells am südlichen Rand von Bispingen geschritten war. Die weiten Sichtachsen, die akkurat geschnittenen Hecken, die strenge Symmetrie bildeten eine bemerkenswerte Einheit von Architektur und Natur. Blumen und Rasenflächen in geschwungenen Formen spiegelten in jedem Blumenbeet die typischen Merkmale barocker Innenarchitektur.

„Montagnetto“ – Ein Berg der Sammelleidenschaften.

Das Kastell, zu dem der Garten gehört, ist die „Iserhatsche“, ein Begriff aus dem Schwedischen, der sich mit „Eisenherzchen“ übersetzen lässt. „Iserhatsche“ war

der Kosename aus den Kindertagen des Königlich Preußischen Kommerzienrates Ernst Nölle, Großvater von Elisabeth Noelle-Neumann, der populären Allensbacher Demoskopin. Dieser hatte sich 1910 in eine, im schwedischen Holzbaustil errichtete Jagdvilla „verguckt", die auf der Weltausstellung in Brüssel gezeigte wurde. Er erwarb sie, ließ sie kurzerhand demontieren und am Ortsrand von Bispingen wieder aufbauen. 1928 erwarb die Firma Reemtsma das Anwesen, das im Zweiten Weltkrieg als Lazarett und ab 1962 als Landschulheim für Berliner Kinder diente. So lernte Uwe Schulz-Ebschbach es kennen, dessen Kinder ebenfalls hier zur Erholung weilten. Der kaufte das seinerzeit stark in die Jahre gekommene und weitgehend ungenutzte Gebäude samt der umliegenden 23 ha Grundfläche, um „als Berliner ein Bein im Westen zu haben und sich ein autarkes Rückzugsgebiet zu schaffen". Drei Jahre später begann er damit, die Villa zu restaurieren und (s)eine kleine Fantasiewelt inmitten der Natur zu schaffen.
Dazu gehörte der 2500 m² umfassende Barockgarten, der allerdings nicht nur jahrzehntelang vernachlässigt, sondern nach und nach zerstört und zum Kinderspielplatz umfunktioniert worden war. Fußballplätze und Tischtennisanlagen wurden entfernt, Springbrunnen ausgegraben und wieder funktionsfähig gemacht, wild gewachsene Bäume und Sträucher ausgesondert, Wasser und Strom angelegt und das ganze Gelände nach vorhandenen Originalplänen von einem Gartenarchitekten rekonstruiert, rekultiviert und vervollständigt.

Montagnetto

Zugleich machte sich der „Baron", wie Uwe Schulz-Ebschbach in Bispingen genannt wird, daran, aus der Villa ein „Neuschwanstein des Nordens" zu gestalten. Fantasievoll und mit ähnlichem Ehrgeiz und Vollkommenheitsanspruch, mit dem manche Urlauber am

Nordseestrand ihre Sandburgen bauen, ging er zu Werke: „Ich möchte meine Träume verwirklichen, und dazu gehörte es schon immer, eine Burg zu errichten.“ Er baute einen gigantischen künstlichen Berg aus Dämmplatten und mineralischer Klebe- und Armierungsmasse und

Die „Iserhatsche“ – ein ungewöhnliches Märchenschloss.

strich ihn mit Fassadenfarbe. Ganz allmählich entstand inmitten eines skurrilen Landschaftsparks sein „Montagnetto“, ein für Besucher zugänglicher Multifunktionsbau im italienischen Stil mit einem in ein terrassiertes Seensystem eingebundenen Wasserfall und einem elektronisch gesteuerten feuerspeienden Vulkan. Und zugleich ein Berg der Sammelleidenschaften. 16 000 original abgefüllte Bierflaschen aus 168 Ländern und 2 850 verschiedenen Brauereien finden sich dort, dazu 250 000 Streichholzschachteln, Hunderttausende von Kronkorken, Bierdeckel, Biertruck-Miniaturen und vieles mehr. Damit ist der „Baron“ sogar im Guiness-Buch der Rekorde vertreten! „Unglaublich viel Tand, wohin man blickt“, stellte ein Besucherpaar fest. Solche Reaktionen sind dem stolzen Besitzer nicht fremd. Von genial bis unsinnig und verrückt reicht die Skala der Attribute, die seine Besucher ihm anhängen.

Der gerettete Garten

Dass Uwe Schulz-Ebschbach das Herz auf dem rechten Fleck hat, zeigte sich, als er dem liebevoll gestalteten und gepflegten Garten einer verzweifelten älteren Dame quasi Asyl gewährte. Es klingt wie ein Märchen: Der Garten, um den es geht, hatte seinen Ursprung bei einem kleinen „Häuschen im Grünen“. Als die Dame, die ihn angelegt hatte, zum ersten Mal umziehen musste, packte sie alle Pflanzen sorgfältig ein und nahm sie mit. Der kleine Garten wurde hübscher und natürlich größer. Als erneut ein Umzug anstand, diesmal nach Berlin, konnte sie ihren Garten nicht mehr mitnehmen und musste ihn zurücklassen. Die Nachmieter ihres Hauses wollten ihr allerdings für den mittlerweile auf etwa 1000 m² Größe angewachsenen und mit wertvollen Pflanzen und Gehölzen überaus ansehnlich ausgestatteten Ziergarten keine müde Mark bezahlen. Davon erfuhr der „Baron“, der zutiefst gerührt war und der Dame anbot, den Garten in seine Obhut zu nehmen. Gesagt, getan. Der Garten wurde Beet für Beet fotografiert und vermessen, Stück für Stück ausgegraben und verpackt und schließlich exakt auf einer größengleichen Fläche auf der „Iserhatsche“ originalgetreu neu angelegt. Für die verblüfften und sprachlosen Nachmieter des Hauses blieb zu deren ungläubigem Erstaunen nur eine sauber geharkte Fläche zurück: Ein besenrein übergebener Garten!

Die sieben Steinhäuser

Die Hörner heulten, die Schilder klangen,
die Weiber schrieen, die Krieger sangen,
Der Zauberer schwang das brennende Scheit
und weihte die Toten der Dunkelheit.
Aus sieben Bahren schlugen die Flammen
und kamen in einem Rauche zusammen,
Des knisternden Wacholders Duft
erfüllte weit und breit die Luft.
(aus Hermann Löns: „Die sieben Steinhäuser“)

Graubemoost ragen die gewaltigen Blöcke aus dem sandigen Waldboden empor. Kaum ein anderes Denkmal unserer Städte und Dörfer kann auf eine ähnlich lange Zeit zurückblicken wie diese Zeugen ältester Kulturen. Alte Hünengräber, riesige Denkmäler altgermanischer Vorzeit. Mindestens 5000 Jahre mit Sonne, Regen, Frost und Hitze sind darüber hinweg gegangen, eine Ewigkeit im Vergleich zum Leben eines Menschen: Die „Sieben Steinhäuser“ nördlich des Ostenholzer Moores im Kreis Fallingbostel, um 2500 v. Chr. von den ersten sesshaften Bauern aus gewaltigen Findlingsblöcken zu einer mächtigen steinernen Grabanlage zusammengefügte Grabkammern, die entweder auf gewachsenem Boden oder – in geringer Eintiefung – auf einer Schicht kleingeschlagenen Granitgruses errichtet worden sind. Ihre Wände sind aus großen, aufrecht gestellten Findlingen, deren von Natur glatte Flächen nach innen gerichtet sind. Die Lücken zwischen den großen Blöcken wurden mit Lehm und Trockenmauerwerk aus kleinen Steinen ausgefüllt.

Nachdem man die Gräber 1923 unter Denkmalschutz gestellt hatte, wurden sie in den Folgejahren ausgegraben und restauriert, ohne jedoch die ursprüngliche Erdbedeckung wiederherzustellen, die seinerzeit bis zur

Eine von fünf Grabanlagen der „Sieben Steinhäuser“.

Unterkante der Decksteine reichte, um die Grabkammer vor Tieren zu schützen.

Der 10-jährige Friedhelm stand staunend vor diesen stummen Zeugen einer längst vergangenen Zeit. Nach einem für Kinderfüße ziemlich langen Fußmarsch durch die Osterheide hatte er an der Hand seines Vaters endlich das beliebte Ausflugsziel erreicht. Es war noch viel imposanter, als es auf den Fotos im Urlaubsprospekt den Anschein hatte. Einer der kolossalen Decksteine war – wie Friedhelm sofort ausmaß – fast fünf Meter lang und viereinhalb Meter breit. Die unter diesem mächtigen, von gewaltigen Wandsteinen getragenen Dach liegende Kammer umfasste einen Raum von etwa zwölf Quadratmetern, und selbst Friedhelms Vater konnte sich durch den von zwei Seitensteinen flankierten Eingang nahczu mühelos hineinbegeben.

Dem pfiffigen Jungen fiel sofort auf, dass zwischen der Bezeichnung dieses Denkmals und dem, was er tatsächlich sah, etwas nicht stimmte: „Papa“, stellte er demzufolge mit leichtem Tadel in der Stimme fest, „hier sind aber nur fünf Steinhäuser.“ Lange Zeit war man davon ausgegangen, dass die zwei fehlenden Grabstellen vielleicht irgendwann zerstört oder zweckentfremdet worden sind. Da aber bereits eine alte Abbildung von 1744

Ganz gleich ob Mädchen oder Junge – Kinder sind von der Grabanlage fasziniert.

lediglich fünf Gräber zeigt, glaubt man inzwischen, dass die magische Zahl sieben im übertragenen Sinne für eine größere Anzahl verstanden werden muss, wie wir es von der Redewendung „seine Siebensachen packen“ kennen. Diese Erklärung, die Friedhelms Vater zuvor in einer Broschüre gefunden hatte, leuchtete dem Jungen ein und voller Neugierde und Entdeckerdrang untersuchte er die einzelnen Steinhäuser.

Ohne jegliche Inschrift oder irgendwelche andere Zeichen sind diese Grabstellen beredte Zeugen längst vergangener Geschlechter. Sie erzählen von zusammengefasster Kraft, die aus diesen ungefügen Blöcken den toten Königen, Fürsten und Herzögen eine über Jahrtausende dauernde Heldenehrung schuf. Sie sind zugleich ein mystischer Ort, der eine faszinierende und uralte Ausstrahlung hat. Allein schon die technische Meisterleistung unserer Urahnen ist bewundernswert und gibt Rätsel auf: Wie konnten sie ohne nennenswerte Werkzeuge, allein mit reiner Muskelkraft und großem Einfallsreichtum solche gewaltigen Felskonstruktionen errichten? Man vermutet, dass die Menschen damals die Winterzeit abwarteten, eine feste Transportdecke aus Schnee und Eis herstellten und dann – bei gefrorenem Boden – die großen Steinblöcke unter Zuhilfenahme von Hebebäumen oder Walzen auf den künstlich vereisten Gleitbahnen fortbewegt haben.
Schade, mag sich wohl schon so mancher Wanderer gedacht haben, dass diese imposanten geschichtsträchtigen Relikte unserer Vergangenheit im dunklen Wald und nicht auf freier Heide liegen, im Blütenmeer, von Bienen umsummt, vom Strahl der Sommersonne übergossen. Und unterm nächtlichen Sternenhimmel würde der Mond über den Steinen aufsteigen und in wundervoller Ruhe sein silbernes Licht über den steinernen Gräbern ausbreiten. Fast wie Stonehenge …

Der Altstadtrebell von Lüneburg

Jahrzehntelang hatte sich keine Menschenseele um das Haus Nr. 7 in der Unteren Ohlingerstraße in Lüneburg gekümmert. Es galt zwar unter Kennern als kunsthistorisches Denkmal, aber was bedeutete das schon? Sein Dach ließ den Regen durch. Der rissig gewordene Putz blätterte ab. Die mehr als 400 Jahre alten Mauersteine bröckelten. Und die Stadt Lüneburg sah, wie in vielen ähnlichen Fällen auch, keinen anderen Ausweg als den Abriss. Das war in den 60er-Jahren. Heute gehört das Haus, über dem bereits die Abrissbirne schwebte, zu den Schmuckstücken und Vorzeige-Objekten der Lüneburger Altstadt. Der Mann, der es vor dem Abriss bewahrt hat und es heute bewohnt, heißt Curt Helm Pomp. Er wurde vom geächteten Stadtrevoluzzer zum geachteten Stadtrestaurator, vom Altstadtrebellen zum Retter der Altstadt. Und am Ende bekam der Mann, der anfänglich lange Zeit in der Zunft der Lüneburger Architekten als Quertreiber galt, der beschimpft, verspottet und belächelt worden war, für seine „Verdienste um den Erhalt der historischen Altstadt“ das Bundesverdienstkreuz.

Curt Helm Pomp wurde 1933 in Mähren geboren. 1945 flüchtete er nach Deutschland, besuchte eine Werkkunstschule und studierte erst in Würzburg, später in Hamburg an der Hochschule für Bildende Künste Grafik und Bildhauerei sowie die Gold- und Silberschmiedekunst. Als junger Mann fuhr er mit dem Rad kreuz und quer durch das in Schutt und Asche liegende Land. Auf den Spuren der Backsteingotik kam er 1956 zum ersten Mal nach Lüneburg. Er ging durch die Altstadt und kam nicht wieder von ihr los. „Es war ein Wunderland“, sagt er. „Hier war nichts zerstört.“ Seine Leidenschaft für schiefe Gassen und alte Häuser begann. Während seiner Hamburger Zeit fuhr er oft an die Ilmenau, um zu zeichnen. Seine Lieblingsmotive waren die alten Bauwerke in der Altstadt. Doch wenn der damalige Kunststudent seine Zeichnungen einige Wochen später vollenden wollte, gähnte auf dem betreffenden Grundstück oft bereits ein großes Loch.

Schwere Senkungsschäden: Die Lüneburger Altstadt in den 50er-Jahren.

Die Auslaugung des Salzstocks und die frühere Abpumpung der Sole hatten schon früh zu einem Absinken der oberen Deckschicht des Salzstocks geführt, wodurch es zu Senkungserscheinungen in der berühmten Salzstadt Lüneburg gekommen war. Die städtischen Statiker hatten das alte Handwerkerviertel mit seinen Häusern aus dem 16. und 17. Jahrhundert quasi schon aufgegeben. Der ausgespülte Salzstock ließ Fundamente brechen, einige Häuser sackten ab und zahlreiche Gebäude im Bereich des Salzstocks waren deshalb schon dem Abriss zum Opfer gefallen. Es gab Gebäude, bei denen Küche und Diele über einen längeren Zeitraum einen halben Meter absackten, während das Wohnzimmer auf dem ursprünglichen Niveau blieb. Oder Keller sackten in den Grundwasserbereich ab und konnten letztlich nur noch mit Sand zugeschüttet werden. Bis in die jüngste Vergangenheit sind die Senkungen noch nicht vollständig zum Stillstand gekommen, obwohl schon seit über 30 Jahren kein Salz mehr gewonnen wird.

In den 50er-Jahren verbot die Stadt streckenweise das Betreten der Bürgersteige. Zwischen Vierorten und Rübekuhle mussten Passanten in der Straßenmitte zwischen zwei Geländern laufen, weil man sie aus Sicherheits- und Haftungsgründen vor herabstürzendem Mauerwerk schützen zu müssen glaubte. In der Straßenmitte lag ein Senkungstrichter mit erheblichen Senkungen und Zerrungen: Während Vierorten auf der einen Seite auf festem Untergrund stand, sackte die Erdoberfläche auf der anderen Seite von Jahr zu Jahr immer mehr ab. Getrieben von der Vision eines unrettbar ins unaufhaltsam steigende Grundwasser versinkenden Stadtteils und daraus entstehenden Binnensees nach Art der Hamburger Alster oder des Hannoverschen Maschsees gingen die Stadtplaner noch bis in die 60er-Jahre davon aus, dass die Altstadt weitgehend eingeebnet werden müsse.

Aber die voreiligen und unschlüssigen Bürokraten hatten nicht mit Curt Helm Pomp gerechnet, dessen unermüdlichem Engagement letztlich das „Umdenken von der Flächensanierung hin zur historisch getreuen Restaurierung und Wiederbelebung ganzer Straßenzüge“ zu verdanken ist. Stadtväter, Investoren und Architekten haben ihn anfangs beschimpft, verspottet, belächelt. Er ließ sich nicht beirren, hat jahrelang gegen sie gekämpft, wurde zum Altstadtrebellen und rettete schließlich das Viertel vor Entscheidungsträgern, die es dem Erdboden gleichmachen wollten. Die Kraft dazu speiste sich bei ihm aus der „Sehnsucht des Kriegskindes nach einer unzerstörten Welt, in der Vergangenheit im Großen und im Kleinen sichtbar sein soll“, ein Bild, das er bei seinem ersten Besuch in Lüneburg leibhaftig vor Augen hatte und das die Stadtplaner nun vor seinen Augen zu zerstören drohten.

1966 zog Curt Helm Pomp nach Lüneburg, „in einer Zeit“ – wie er sagt – „in der man lieber zubetoniert hat, als auf alte Architektur zu achten“. Die Altstadt galt damals als echter Schandfleck. Und während überall

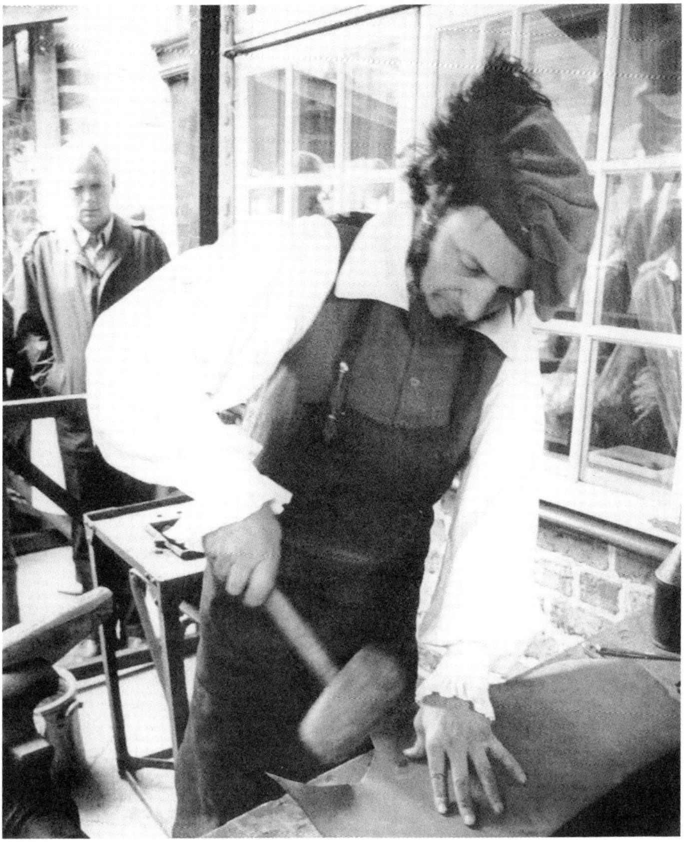

Curt Helm Pomp in seinem Element.

historische Gebäude abgerissen wurden, begann er mit den Renovierungsarbeiten an seinem Haus in der Unteren Ohlingerstraße Nr. 7. Unter der Abdeckplane entdeckten die Straßenbewohner, dass hier etwas geschah: Liebevoll eingesetzte Balken in zart getönten Farben und aufgefrischte Mauersteine zeigten, dass in der düsteren und zum Teil bereits verwahrlosten Altstadt plötzlich ein freundlicher Lichtpunkt entstand.
Curt Helm Pomp erwies sich als realistischer Fantast: „Das wird eine Wohnintensität geben. Diese

Ebenenverschiebung. Treppchen, Nischen, Winkel ...“ Tagsüber war er Dachdecker, Zimmermann, Maurer, Tischler und sein eigener Architekt. Abends und nachts arbeitete er als Bildhauer und als Gold- und Silberschmied. Seine Nachbarn waren zutiefst beeindruckt und ließen sich anstecken. Einer nach dem anderen begann zu überlegen, wie er mit seinem Haus dem Beispiel folgen könnte. Und wie von selbst breitete sich ein idealistischer Flächenbrand aus, genährt aus informativen Gesprächen, Empfehlungen, dem Austausch von Erfahrungen und komprimiertem Know How.

Zünftiges Fest in der Handwerkerstraße.

„Eine Träumerei in Backstein": Die Lüneburger Altstadt heute.

Gewiss sahen die Häuser durch den bröckelnden Putz sehr hässlich aus. Doch wo man auch kratzte, es kam etwas Schönes zum Vorschein. Die Ziegelsteinfront, die sich darunter befand, war ja original. Das bis zu anderthalb Meter dicke Mauerwerk der Häuser war im Kern gesund, stabiler als bei manchen Backsteinbauten an anderer Stelle der Stadt, etwa „Am Sande". Warum – so fragte Curt Helm Pomp – werden sie nicht erhalten? Doch schneller als er im Stadtarchiv Zahlen zusammentragen und Ereignisse registrieren konnte, arbeiteten nur einen Steinwurf weit entfernt an den Gebäuden aus Gotik und Renaissance die Abrissbirnen und Spitzhacken weiter,

denen auch viele wertvolle Portale, Delfter Kacheln und gotische Deckengewölbe zum Opfer fielen.
Curt Helm Pomp und seine Mitstreiter gründeten den Verein „Arbeitskreis für die Erhaltung und Revitalisierung der Lüneburger Altstadt“, dessen Mitgliederzahl in wenigen Jahren von zunächst acht auf mehr als 750 anwuchs. Sie kämpften um die erhaltungswürdigen Baudenkmäler. Das erforderliche Material holten sie sich von den Abrisshäusern: Balken, Fenster, Türbeschläge, Kacheln, Holzverkleidungen und Intarsien. Tausende von 150 Jahre alten Dachziegeln brachten sie über die schmalen engen Treppenstiegen auf die Dächer. Ein Haus folgte dem anderen, und aus der bis dahin brüchigen Altstadt wurde eine begehrte Wohnadresse.

Heute können die Menschen beim jährlichen Handwerkerfest in den Gassen und Straßenzügen rund um die Untere Ohlingerstraße dabei zuschauen, wie man früher gearbeitet hat: Zünftig gekleidete Handwerker führen zwei Tage lang vor, wie man Portale mauert, Dächer repariert und Fenster zimmert. Siebzig Stände versetzen das Publikum in die gute alte Zeit. Als ein Uhrmachermeister, der eine alte Standuhr begutachtete, diese auf 120 Jahre schätzte, widersprach man ihm: „Die muss doch sehr viel älter sein.“ Und lächelnd klärte der historisch gekleidete Handwerker auf: „Sie vergessen, dass wir uns im 16. Jahrhundert befinden.“
Als „Residenz der Langeweile“ hat Heinrich Heine einst den langjährigen Sitz der Landdrostei, Vorläuferin der späteren Bezirksregierung, bezeichnet. Wenn man heute durch die Altstadt schlendert, ist man eher geneigt, sich dem Urteil von Ricarda Huch anzuschließen: „Eine Träumerei in Backstein.“

„… und das heißt Erika!“

Eigentlich sollte es im Dezember 1978 nur der musikalischen Umrahmung der Betriebs-Weihnachtsfeier dienen, als der damals 54-jährige Hermannsburger Kaufmann Johannes Lange im örtlichen Lebensmittelmarkt drei Mädchen auf dem Akkordeon aufspielen ließ. Doch dann entwickelte sich aus diesem Trio eine Musik- und Volkstanzgruppe, die unter dem Namen „Harmsbörger Speeldeel“ bei Folkloreveranstaltungen und Trachtenfesten in ganz Europa auftrat. Rund einhundert Kinder und Jugendliche im Alter von 6 bis 20 Jahren gehörten in

So fing alles an – Kinder und Jugendliche der Musik- und Volkstanzgruppe, „Harmsbörger Speeldeel“ 1978.

Spitzenzeiten zu dieser überaus beliebten und erfolgreichen Gruppe. Geburtstage, Hochzeiten, Flohmärkte und Straßenfeste waren in den langen Jahren ihres Bestehens ohne sie nicht denkbar, und die Volksmusikabende vor „Völkers Hotel“ hätten ohne sie wohl erst gar nicht stattgefunden. Damals hielten einfach zahlreiche Autos auf der Straße, und die Fahrzeug-Insassen und Passanten sangen von den „Nordseewellen“ über's „Heideröslein“ bis zum „Schneewalzer“ wie selbstverständlich fröhlich mit.

Am 4. Januar 1980, einem frostig kalten Wintertag, erlebte die „Harmsbörger Speeldeel“ einen der vielen Höhepunkte ihrer Vereinsgeschichte, unterhielten sie doch Karl Carstens mit Ehefrau und Begleitgruppe mit ihrer Musik: Der damalige Bundespräsident, der während seiner Amtszeit weite Teile Deutschlands durchwanderte, machte mit seiner Frau Veronica Station in der Lüneburger Heide. Die Wanderung führte zunächst bei schönem Wanderwetter durch den Schnee vom Hausselberg nach Weesen, wo die Wanderer bei einem spontanen Zwischenstopp von Landwirt Rabe ein Glas warme Milch gereicht bekamen, und ging dann weiter über Misselhorn zum schmucken, über 1000 Jahre alten Hiesterhof. Die Wandergruppe rund um den prominenten Gast lernte die Heide zu dieser Jahreszeit von einer ganz anderen Seite kennen, als man es zur Heideblüte gewohnt ist: Glitzernde Schneekristalle säumten ihren Weg. Tierspuren und Fährten verrieten die verborgenen Winterwanderer auf vier Pfoten wie Rehwild, Füchse und Waschbären, aber auch Eichhörnchen und Fichtenkreuzschnäbel. Wie verzaubert lag die offene

verschneite Landschaft vor den Wanderern, doch angesichts der durch ständige Unterhaltungen verursachten Unruhe, dürften das Staatsoberhaupt und seine vielen mitstapfenden Begleiter wohl nur einen kleinen Hauch

Volksmusik-Abend vor Völkers Hotel.

vom Zauber der verschneiten Landschaft im knirschenden Schnee verspürt haben.
Am Angelbachsteich wurde die Wandergruppe, die von Station zu Station ständig größer geworden war, schon sehnsüchtig von der „Harmsbörger Speeldeel" erwartet.

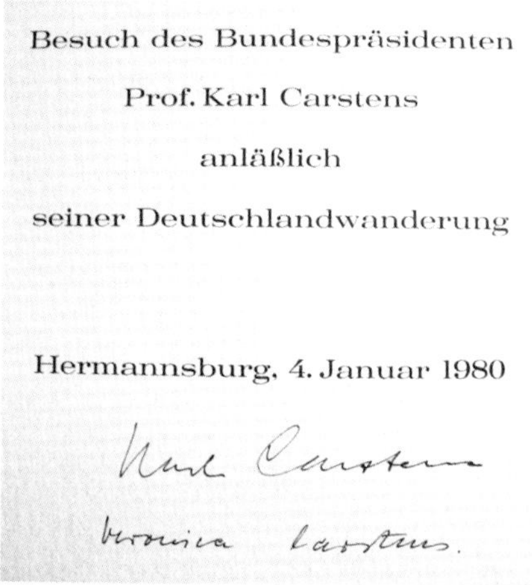
Besuch des Bundespräsidenten

Prof. Karl Carstens

anläßlich

seiner Deutschlandwanderung

Hermannsburg, 4. Januar 1980

Der Besuch von Bundespräsident Carl Carstens (hier der Eintrag im „Goldenen Buch“ von Hermannsburg) wurde von den „Harmsbörger Speeldeel“ musikalisch begleitet.

Die Akkordeonisten hatten große Mühe gehabt, die klammen Finger bei der Kälte warm und geschmeidig zu halten und waren deshalb unsagbar froh, als die Gäste eintrafen und es nun endlich losgehen konnte. Und während das Deutsche Rote Kreuz die Wanderer mit 350 Portionen Kartoffelsalat und deftiger Koppwurst versorgte, sorgte die Harmsbörger Speeldeel für die Tafelmusik. Dann brach die Wandergruppe wieder auf und allmählich wandelte sich das Schönwetter und zauberte zunächst einen leichten Flockenwirbel hervor, der aber von Minute zu Minute stärker wurde. So legte man den Rest der Strecke über den Dehningshof und den Citronenberg zum Klosterforstamt Miele schließlich „im Geschwindschritt“ zurück. Planmäßig wurden der Bundespräsident und seine Begleitung im Konvoi zum Hotel Heidehof in Hermannsburg chauffiert, wo die prominenten Gäste logierten und sich ins Goldene Buch der Gemeinde eintrugen.
Vor allem während der Heideblüte wurde die „Harmsbörger Speeldeel“ häufig eingeladen, Reisegruppen auf ihren Kutschfahrten mit kleinen Ensembles von zwei bis fünf Musikern zu begleiten. „Auf der Lüneburger Heide“

und „Auf der Heide blüht ein kleines Blümelein“ waren die mit Abstand am häufigsten geträllerten Lieder der zumeist feucht-fröhlichen Ausflügler. Melanie Heckl, die Enkelin des Speeldeel-Gründers, die ihrem ersten Akkordeon bereits mit 2 ½ Jahren die vertrauten Töne des Heide-Ausflugs-Klassikers „...und das heißt Erika!“ entlockte, kann sich nicht mehr erinnern, wie oft sie dieses Lied seitdem gespielt hat.

Aber sie weiß noch sehr gut, mit wie viel Skrupel sie sich als kleines Mädchen anfangs auf den Sandboden oder die Baumstämme gesetzt hat, wenn die Kutschfahrten zum musikalisch untermalten Picknick unterbrochen wurden: „Mein schönes Kleid wurde schmutzig,

Volkstanz-Veranstaltung um 1980.

und überall krabbelten Käfer und Spinnen." Mit der Zeit gewöhnte sie sich daran, und wie bei allen anderen überdeckte auch bei ihr der Spaß an der Musik die gelegentlichen Unannehmlichkeiten. Wirklich schlimm traf es die „Harmsbörger Speeldeel" bei einem Gastspiel in der schwedischen Hafenstadt Söderhamn nördlich von Uppsala, wo sich die Musiker mit einer unvorstellbaren Mückenplage konfrontiert sahen. „Man konnte die Plagegeister, die sich auf unsere Hände setzten, während des Spiels ja nicht einfach abschütteln", schildert Melanie Heckl die Situation. Doch das örtliche Publikum, dem dieses Phänomen nicht fremd war, kam den Akkordeonisten mit feuchten Tüchern zu Hilfe.

Noch feuchter wurde es für einen jungen Mann namens Alex, der bei einem Gastspiel der „Harmsbörger Speeldeel" beim Heideblütenfest in Amelinghausen mit seinem Partner auf der Seebühne des Lopausees einen „Ochsentanz" vorführte. Vielleicht vergleichbar mit dem etwas populäreren Schuhplattler. Die beiden Burschen neckten sich tänzerisch, wie es dieser Brauchtumstanz vorsieht, sie schubsten einander und drängelten, es folgten Fußhakler und schließlich – „patsch, patsch" – zwei spielerische Ohrfeigen. Und dabei muss Alex entweder aus dem Gleichgewicht gekommen sein oder auf der Seebühne die Orientierung verloren haben, denn auf „patsch" folgte „platsch", und der stürmische Tänzer lag plötzlich im Wasser. Dem ebenso stürmischen Beifall nach, müssen die belustigten Zuschauer wohl gedacht haben, dass der Ausrutscher zum Programm gehörte.

Der „Ochsentanz“ gilt als der niedersächsische Schuhplattler.

Weitere Bücher aus dem Wartberg Verlag für Ihre Region

Celle – Gestern | Heute
Rolf-Dieter Diehl (Texte), Urs Müller (Fotos)
72 Seiten, mit vielen Fotos
978-3-8313-2247-3

Um zwei an der Dammaschwiese – Geschichten und Anekdoten aus Celle und seinem Umland
Rolf-Dieter Diehl
80 Seiten, mit vielen Fotos
ISBN: 978-3-8313-1900-8

Um drei bei Talamini! Geschichten und Anekdoten aus Celle und seinem Umland
Rolf-Dieter Diehl
80 Seiten, mit vielen Fotos
ISBN: 978-3-8313-1800-1

Um vier am Alten Kanal. Geschichten und Anekdoten aus dem alten Celle
Ulf Kaack
80 Seiten, mit vielen Fotos
ISBN: 978-3-8313-2117-9

Aufgewachsen in Celle in den 50er und 60er Jahren
Rolf-Dieter Diehl
64 Seiten, mit vielen Fotos
ISBN: 978-3-8313-2004-2

Wartberg Verlag GmbH & Co. KG
Bücher für Deutschlands Städte und Regionen
Im Wiesenthal 1 · 34281 Gudensberg-Gleichen · Telefon (0 56 03) 9 30 50
Fax (0 56 03) 93 05 28 · www.wartberg-verlag.de